"中国劳模"系列丛书

U0640119

公交线上的"微笑使者"：
唐学新

唐晓恬 / 著

吉林出版集团股份有限公司

全国百佳图书出版单位

图书在版编目（CIP）数据

公交线上的"微笑使者"：唐学新 / 唐晓恬著. --
长春：吉林出版集团股份有限公司, 2023.4
（"中国劳模"系列丛书）
ISBN 978-7-5731-3086-0

Ⅰ.①公… Ⅱ.①唐… Ⅲ.①唐学新－传记 Ⅳ.
①K828.1

中国国家版本馆CIP数据核字（2023）第039586号

GONGJIAOXIAN SHANG DE "WEIXIAO SHIZHE"：TANG XUEXIN

公交线上的"微笑使者"：唐学新

著　　者	唐晓恬
组稿统筹	东北师范大学文学院创意写作研究中心
撰写指导	余　弓
责任编辑	王丽媛
实习编辑	张碧芮
装帧设计	张红霞

出　　版	吉林出版集团股份有限公司
发　　行	吉林出版集团社科图书有限公司
地　　址	吉林省长春市南关区福祉大路5788号　邮编：130118
印　　刷	唐山富达印务有限公司
电　　话	0431-81629711（总编办）
抖 音 号	吉林出版集团社科图书有限公司　37009026326

开　　本	710 mm×1000mm　1 / 16
印　　张	9.5
字　　数	100 千字
版　　次	2023 年 4 月第 1 版
印　　次	2023 年 4 月第 1 次印刷

书　　号	ISBN 978-7-5731-3086-0
定　　价	45.00 元

如有印装质量问题，请与市场营销中心联系调换。0431-81629729

　　劳动创造财富，劳动创造幸福，劳动创造未来。习近平总书记在2020年全国劳动模范和先进工作者表彰大会上的讲话中指出："全社会要崇尚劳动、见贤思齐，加大对劳动模范和先进工作者的宣传力度，讲好劳模故事、讲好劳动故事、讲好工匠故事，弘扬劳动最光荣、劳动最崇高、劳动最伟大、劳动最美丽的社会风尚。"当今世界，综合国力的竞争归根到底是科技人才和高素质劳动者的竞争。改革开放以来，我们强大的工人队伍用辛勤劳动和拼搏奉献推动中国制造、中国智造、中国创造走向世界的前列，新时代的中国面貌日新月异。大力弘扬劳模精神、劳动精神、工匠精神，加强高素质技能人才队伍建设，打造一支宏大的知识型、技能型、创新型劳动者队伍是伟大时代赋予我们的历史责任。

　　劳动模范是民族的精英、人民的楷模，是共和国的功臣。自改革开放以来，广大职工勇立改革潮头，独立自主，奋发图强，勇于创新，其中涌现出一批批全国劳模和大国工匠，他们参与建设了代表中国高度、中国速度、中国深度的一系列重大工程，提升了国家实力，打造了"中国名片"，树立了"中国品牌"，增添了"中国力量"，充分释放出工人阶级的创新活力，展示出大国工匠强大的创造能力。他们以工人阶级的满腔热忱在各自平凡的工作岗位上创造了辉煌的业绩，书写了新时代的壮丽篇章。

爱岗敬业、争创一流、艰苦奋斗、勇于创新、淡泊名利、甘于奉献的劳模精神，崇尚劳动、热爱劳动、辛勤劳动、诚实劳动的劳动精神和执着专注、精益求精、一丝不苟、追求卓越的工匠精神，是广大劳动群众在社会生产实践中锤炼形成的弥足珍贵的精神财富，是工人阶级伟大品格的具体体现，是民族精神和时代精神的生动体现。民族复兴需要劳动模范，祖国强盛需要大国工匠，中国制造、中国智造、中国创造更需要大国工匠的强有力支撑。劳模、工匠等的成长故事、先进事迹中承载的劳模精神、劳动精神和工匠精神，是激励全国各族人民团结奋斗、勇往直前的强大精神力量。

"中国劳模"系列丛书，采用图文结合的方式，讲述全国劳模、大国工匠和先进工作者的成长经历及他们追梦、筑梦、圆梦的故事，用他们在平凡岗位上创造不平凡业绩的真实故事感染读者，形成劳动最光荣、劳动最崇高、劳动最伟大、劳动最美丽的社会风尚，引导广大技术工人和青少年形成劳动光荣、技能宝贵、创造伟大的观念。

"匠心筑梦，强国有我。"新时代是万象更新、生机勃勃的时代，也是一个继往开来、创新创业和建功立业的大时代。希望广大读者能以劳动模范为楷模，以大国工匠为榜样，立志技能报国、技术强国，踔厉奋发，勇毅前行，锤炼思想品格，汲取劳动智慧，勇于担当、勤于钻研、甘于奉献，为推进新型工业化和乡村振兴，加快建设制造强国、质量强国、航天强国、交通强国、网络强国、数字中国、农业强国，为全面建设社会主义现代化国家贡献青春力量。

高凤林

中华全国总工会副主席（兼）

中国航天科技集团有限公司第一研究院

211厂14车间高凤林班组组长

2022年11月

  唐学新，1965年生，辽宁旅大（今大连）人，1982年高中毕业，参加工作，现为大连公交客运集团有限公司汽车四分公司玉浓路车队405路驾驶员。

  唐学新一开始以乘务员的身份在公交集团工作，1984年拿到驾照的唐学新经公司考核、选拔后，成为一名公交车驾驶员。从那时起，唐学新就将自己全部的光和热奉献给这个岗位。

  唐学新以"大连好人"的身份被《半岛晨报》和公交集团联合推荐为央视《向幸福出发》栏目"温暖中国——寻找身边的好人"大连地区候选人；此外，唐学新还先后荣获"大连市特等劳动模范""辽宁省岗位学雷锋学郭明义标兵""辽宁省劳动模范"等称号。唐学新还创办了劳模服务队，志愿队伍自成立以来创新活动形式，积极回馈社会，他们奔走在社区的各个角落，开展了义务铲雪修路、宣传交通安全知识、为高考做志愿服务等活动。

2018年，唐学新作为大连市政协委员，到社区走访调查，收集市民提出的问题并建言献策。

2019年，唐学新获大连市年度"最美公交人"称号。

2020年，唐学新到人民大会堂，参加了全国劳动模范和先进工作者的表彰大会，被授予"全国劳动模范"称号。

目 录
CONTENTS

第一章　唐氏微笑

于是他让人们心中的雪停止，并赋予这座城市新的暖光。

一个冬天的相遇

　　玻璃窗上是冷霜，细小的雪屑在风里飘扬，顺着脖颈要钻进北方人厚实的棉衣。晨光熹微，抬头是微微亮的天，空气中夹着拒人千里的寒气，两三个行人匆匆走过。

　　这是一个再寻常不过的早上，公交车司机唐学新如往常一般，在如白色地毯一样的雪地里走出几个或深或浅的脚印，来到公交客运站的某个车位。他扭动钥匙打开车门，打火点燃发动机，然后上下检查机器的运行状况，开始清洁工作。

　　这是陪了他多年的"老伙计"，每日早出晚归，交班清洁、上工检查已经成了常态。别人是二十一天养成一个习惯，但唐学新早就在二十多年的工作生涯中，把公交车融入他的生活。北方的冬日天黑得早又亮得晚，白昼毫不心疼这座沿海城市，连一丝天光也吝啬，天际隐隐还有几颗星星挂着，跟街边亮了一夜的路灯对视着。

　　司机唐学新习惯早一些坐在驾驶座上，安静地等候发车时间。隔着晨雾，他看到一男一女缓慢地向他驾驶的公交车靠近。确定二人是要乘车后，唐学新果断下车帮忙。

　　这个时候路上还有些滑，唐学新走得快但小心，赶到二人面前时才看清是什么情况。

两人看起来年纪不小，当时四十一岁的唐学新也要喊一声大哥大姐。他挂着微笑，询问二人是否需要帮助。在得到肯定的回应后，他上前扶着大哥的上半身，在星光、灯光和被白雪反射的光亮下，三人缓慢地向停在路边的公交车移动。

说是搀扶，其实唐学新当时也说不上该用什么词形容。这位男性乘客的一只脚勉强离开地面，另一只脚在地上完全抬不起来。在唐学新下车帮助他们之前，男人几乎是用半边身子，强行拖着病腿移动。唐学新的匆匆赶到给了这一男一女很大的帮助，他整个人几乎半倚在唐学新的怀里，靠着上肢力量撑在唐学新坚实的怀抱里，另一只脚努力地抬高、再抬高，艰难地移动着。可能在路过的人看来，男人只移动了一寸，但是撑着他的唐学新知道，这已经是男人咬紧牙关，非常努力地向前迈出的一步。

这是2006年一个冬天的清晨，路边小摊冒着暖乎乎的热气，摊着煎饼的鏊子兢兢业业地加着热，豆浆咕嘟咕嘟在锅里沸腾，油条和包子的香气慢悠悠飘远，试图唤醒睡梦中的都市人。

是的，这不过是一个寻常的早上，也是下面事情的开端。

⊙ 唐学新搀扶乘客上车

早班发车的约定

1825年，英国人斯瓦底·嘉内制造了一辆18座的蒸汽公共汽车，世界上最早的公共汽车自此开始运营。此后的数年，蔚蓝色的星球上多了一条条街道和马路，行驶其间的公交车为人们的生活带来了很大的便利。

然而真正的幸运，似乎不只是技术进步。

唐学新在和女乘客吃力地将男乘客扶上车后才知道，这是一对夫妻。考虑到两人的情况特殊，唐学新特意将二人的座位安排在靠前门的位置，这样便于他及时照顾。唐学新是个热心又细心的人，在安顿好二人后，他马上询问二人在哪一站下车，这样方便他提醒二人，也能在下车的时候搭把手。唐学新知道地址后，在心里稍稍盘算了一下还有几站、大概多久到达，然后就微笑着告诉他们："不要担心。"

性格和善，再加上那极具亲和力的微笑，唐学新很快就和二人交谈起来。通过简短的交流，唐学新得知，男人这段时间都要去一个小诊所做针灸。他略一思考，就跟女乘客说道："大姐要不这样吧，我基本每天早上都是这个时间发车，你们可以坐我的车，这样我也能照顾你们一下。"

说这话时，唐学新并没有想太多，只是觉得这是举手之劳的事情：这么冷的天，帮他们一下，他们就能走得轻松些。这位乘客腿脚不便，希望这针灸真的有用，他可以在春天好起来，唐学新心里想。

唐学新并不知道，他这不经意间的举动，给这家人带来了多大的温暖。当时他说完后，男人虽然没有说话，但是抿着嘴低头笑了一下，而女人摘下眼镜揉了揉眼睛，轻轻地叹了口气，然后缓缓地看着唐学新，坚定地点了点头。

汽车在行驶。

唐学新看着近在咫尺的站点，他稳稳地将汽车停下，然后打开车门。此时的乘客并不多，唐学新跟大姐一人一边，慢慢地搀扶着大哥走下车。

下车显然比上车更费劲，台阶有三级，还很高。唐学新以环抱着的姿势架着大哥，几乎是半搂着把他送下公交车。

下车后，唐学新看到大哥在妻子的搀扶下，身体微微侧倾，吃力地抬起另一条不是很灵活的手臂，向唐学新缓缓地挥了挥手。

天光大亮。

唐学新看着二人渐行渐远的背影，稳了稳心绪，决定以后每天都提前到公共汽车站，接这对夫妇上下车。

早班车的约定，成了唐学新和这对乘客之间的秘密。

这之后的三年，唐学新的第一趟早班车，都会有一对跟他同迎日出的乘客。

或许有时候，比起便捷但冰冷的机器，人间的温情更为珍贵。

一个微笑挽救一个家庭

那个冬日的约定，就这样风雨不误地履行了三年。

他们渐渐从陌生到熟悉，从乘客和司机变成了朋友。唐学新慢慢知道了两人背后的故事。大姐姓李，她的丈夫，也就是这位王大哥，因为被他最信任的好朋友骗了二十万，要去赤峰要账。在当时，二十万对王大哥家来说算是一笔巨款。谁知要账途中王大哥突发脑出血。经过抢救，虽然王大哥的命保住了，但还是留下了严重的后遗症。万般无奈之下，王大哥从赤峰回到大连，从此每天乘坐公交车，到一个小诊所去做针灸。

405路公交车的发车时间是早5点25分，唐学新从前的习惯是提前半小时到车位，检查机器运行情况，擦拭车窗和仪表台，打扫车内地面卫生。自从有了早班车的约定，唐学新每天出门更早了，到岗后先按习惯打扫卫生，然后开车去站台迎接王大哥夫妻俩。

一开始唐学新在驾驶座上，看到二人就过去帮忙。后来，他干脆等在车下，远远地看到二人，他会小跑迎到王大哥面前，帮李大姐一起将大哥护送上车。

每一次，唐学新都会对他们热情地微笑——如果笑容可以实体化，那唐学新弯起的眉眼和上扬的嘴角所带来的温度大概可以在冬日里融化一抔雪。

由于王大哥行动不便，夫妻俩总会在发车前上车。唐学新这时会跟两人攀谈。他的语速不急不缓，态度温和大方，他说话时不会让人听不清楚，倾听时更是将身子微微弯向两人，并时不时点头。唐学新经常鼓励王大哥，让他坚持治疗不要放弃。看到他身体好转，唐学新也跟着高兴。唐学新的热情和微笑让王大哥非常感动。

李大姐说，她的丈夫本已心灰意冷，他不相信这世界上还有真情，也不相信这个世界还有好人，他甚至不想再用心生活。"但是你的微笑温暖了他！"大姐声音哽咽，她握着唐学新的手，满眼感激。

用一个微笑挽救了一个家庭，这是唐学新没有想过的。

近三年的治疗时光，唐学新真的把这对夫妻当成自己的大哥大姐，虽然没有医师的本事，不能缓解王大哥的病痛，但是他用热情的服务和亲人般的微笑，让王大哥被冰封的心融化了，重拾了生活下去的信心。

王大哥曾经对一切都无所谓——朋友、身体，甚至明天。但唐学新的微笑那么暖，那么生动，生动到可以减轻病痛给王大哥带来的折磨，使他忘记因行动不便而受到的冷眼，驱散被所信之人欺骗带来的阴霾。

"在那一刻，我好像又重拾了对生活的希望。"王大哥动容地说。

因寒冷而降温的人间，因为这个微笑，再度升温。

热情的大连公交车司机

唐学新驾驶的405路公交车线路长、站点多，沿途还会经过一些景区和换乘站，大连又是著名的旅游城市，经常会有外地游客来游玩，乘坐唐学新驾驶的公交车。每当遇见不熟悉路线的外地游客，唐学新都会挂上他的招牌微笑，为他们热情服务。

有一天，来自外地的一家人在泡崖八区站，准备乘坐唐学新驾驶的那趟车。这家人有七八位的样子，还没上车，最年长的那位乘客就问唐学新："司机师傅，去老虎滩怎么走？"

唐学新挂着他的招牌微笑，亲切地说："你们先上车，我再告诉你们怎么换乘。"

外地游客听到之后很高兴，他们陆续上车后，唐学新刚要告诉他们站点，刚刚向他问路的那位乘客就跟他说："司机师傅，你刚才的那一笑，让我感觉大连的公交车司机真热情！"这虽然是一件小事，却让唐学新感触很深。一个微笑，能让人这么开心，唐学新想，带着这样的好心情，他们的旅程一定十分惬意。

唐学新说："以前也没想到，我的一言一行还会牵扯到公交车驾驶员的形象。"很多乘客一天的工作、生活是从乘坐公交车开始的，出了这么多年的早班车，唐学新深知，一个好的开始，

⊙ 唐学新工作照

会直接影响到一个人一整天的心情，为了让大家从一天的开始就拥有好心情，唐学新告诉自己，保持微笑很重要。

一次，在大连新闻媒体举办的采访百名劳模的活动现场，一名小学生问唐学新："叔叔，你每天都微笑着为乘客服务。你就没有烦心事吗？"

唐学新认真地回答："人只要活着，生活中就会遇到欢乐或烦恼的事，我也会遇到不顺心的事，但我绝对不会将不好的情绪带到工作中，我会努力克制自己，依旧会微笑着面对乘客。"

说起来容易，但行动起来很难。唐学新非常清楚，糟糕的情绪不仅会降低服务质量，更会影响到行车安全，作为一名公交车司机，一切服务都必须建立在安全驾驶的基础上，因此他绝不会将情绪带到工作中，只要在这个岗位上，他永远会微笑面对乘客。

来过大连的人一定在公交车上听到过这样一句广播词："大连公交，您流动的家。"唐学新的微笑，让乘客体会到家的温馨，感受到大连这座城市的温度。

汽车在行驶，路边的景致飞快地掠过。

这是一条唐学新无比熟悉的道路，他不知道已经在这条公交线路上开过多少遍。坐在小小的驾驶位上，他正微笑着迎接晨光，见证着这座城市的成长。

微笑精神在车队

唐学新微笑服务的事迹在驾驶员之间传开，很多人跑去向唐学新请教。

有一位驾驶员曾经笑着问唐学新："唐哥，我上车后怎么就笑不出来呢？"唐学新看着他，笑着对他说："你现在不就在笑吗？"同事愣了一下，唐学新接着说："你的笑让我感到很亲切，这是因为你把我当朋友，当兄弟。在工作中，如果你也能真心地把乘客当作自己的朋友，那你一定会笑得出来。微笑服务不是要把笑容强加到自己的脸上，而是发自内心地自然流露感情。"正是因为理解了微笑服务的真正含义，看到微笑背后是用心对待每一位乘客，唐学新才能露出真挚、自然的微笑。

唐学新没有想到自己能有这么大的影响力，因为比起他说的话，他做得更多。很多事，他自己没有宣扬，都是领导从乘客的感谢信、口头答谢中知道，然后才慢慢传开的。只有在教导徒弟的时候，这些服务意识，才会转换成口头强调。

做了师傅之后，唐学新除了教技术，更爱教导徒弟们要有服务精神，要他们理解乘客、热爱工作。他的一个小徒弟蒋文杰就说："师傅说，我们是整辆车的安全责任人，要将'安全行车，

⊙ 2019年，唐学新在"最美公交人"颁奖现场

微笑服务'牢记于心，踏踏实实地开好每一班车。"

"安全行车，微笑服务"，唐学新不是只把这八个字挂在嘴边，而是用多年的行车经历，身体力行地告诉徒弟、车队同事、越来越多的乘客，这是他们公交人一直坚持着、始终为之奋斗的信念。

笑容就是风景线

唐学新是一个有生活仪式感的人，当他意识到微笑服务对乘客、对车队其他同事的影响后，他开始创新服务形式，将微笑精神实质化。

那段时间，405路公交车的乘客们惊奇地发现，有一辆公交车的内部，贴了一个个可爱的卡通笑脸。405路沿线经过学校，大家开始以为是哪个小孩子无聊，在车上贴了这些小贴纸。但这些卡通笑脸排列整齐、样式统一，看起来不像是随手贴的。后来大家才知道，这是唐学新的主意。

唐学新说，要把微笑服务发扬开来，让大家在公交车上，感受到微笑的力量。因此，他率先在自己的车上贴起了笑脸，目的就是要让微笑伴着大家一路同行。

这天，唐学新刚刚下班，单位领导倪主任就找到了他。原来，有一位女乘客乘坐唐学新的车到终点后，直接就去了领导的

⊙ 上图　唐学新布置的卡通笑脸

⊙ 下图　唐学新将微笑精神以在公交车上粘贴卡通笑脸形式传递

办公室。

女乘客说，她的母亲生病在家，她这几天要去母亲家做饭、照顾母亲。赶上天气太热，她心里又很烦躁，饭也没吃就坐车回家。结果她坐上了唐学新的车，看到车里贴的一张张笑脸，又观察到唐学新热心地对待乘客，微笑着为他们服务，她的心情一下子舒畅不少，因此特意来表达感谢。

单位领导非常欣赏唐学新的这个创意，于是，那段时间里，唐学新所在客运站下属的405路、33路和38路公交车上，都粘贴了可爱的笑脸，一时间这成了公交车上最美的一道风景线。

"一笑倾城"的公交人

2010年3月，春寒料峭，大连，这个北方的港口城市，夜晚依旧比白昼要长。此时，一件贵重的礼物正被安静地送往客运站。

大连公交客运集团有限公司汽车四分公司玉浓路客运站内，客运站的负责人静静地看着面前这对夫妻，耐心地询问他们需要什么帮助。出乎意料，这位女士在自我介绍后，起身拿出了一个厚厚的信封。

这位女士，就是唐学新一直帮助、与她有早班车之约的李大姐。

"经过康复治疗，我的丈夫现在已经可以生活自理，我要感谢唐学新师傅，我们全家人都很感谢他！"

唐学新的善举，被李大姐用文字记录下来，变成十二页厚厚的感谢信，这十二张信纸背后的情谊，远比我们看到的信纸厚重得多。

对于唐学新来说，这是一份无比珍贵的礼物。

在地铁建设还不完善的时候，乘坐公交车是大部分市民的选择，唐学新始终用微笑面对每一位乘客，风雨无阻地为乘车的市民送去温暖。405路公交车西起甘井子区，东至中山区，路线横贯大连市内四区，很多来自外地的打工人住在甘井子区，却要去中山区、西岗区工作，还有上学的学生、去火车站乘车出差的职员，他们都要乘坐这趟公交车。唐学新要维持乘车秩序，在这样繁重的工作中，他还抽出时间关心、帮助这对夫妇。最重要的是，唐学新始终挂着他的招牌微笑——不只是对王大哥，对每一位乘客，他都用心服务，这实在是一件非常了不起的事。

听闻此事的大连记者对这十二页感谢信背后的故事表现出极大的兴趣，在了解到具体情况后，很快就以"公交车司机的服务打动一对老夫妇，十二页感谢信只为答谢一个微笑"为题，报道了唐学新的事迹，并配发了《"唐氏微笑"应成大连公交表情》的时评。从此，"唐氏微笑"越传越广。

唐学新觉得，自己只是在做分内的事。看着这封厚重的感谢信，唐学新耳畔响起了自己很喜欢的一首歌：

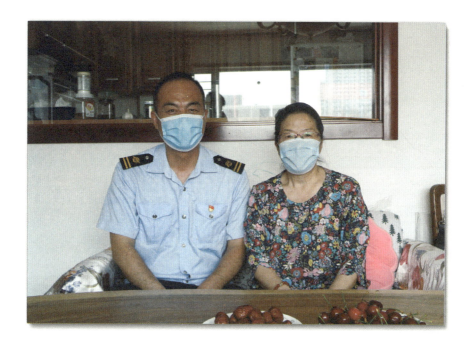

⊙ 2020年6月，唐学新去李大姐家探望她

梦在闪亮

黑夜里找到光芒

…………

抬头望

满天星光

照在前行的路上

现在，"唐氏微笑"已经是大连公交的专属风景，大家称唐学新做到了"一笑倾城"。

无数用心生活的人们和无数个相遇的瞬间

每一刻都很平淡

每一刻都很耀眼

无论是哪个冬天

让我们期待春光

静候花开

第二章　童年印记

关于童年，你会想到什么？

儿时印象最深的字

1965年9月20日，唐学新出生于辽宁省旅大市（今大连市）。

听唐学新的父母说，唐学新是出生在爷爷奶奶家的。但是自唐学新有记忆以来，他就和父母、姥姥姥爷、舅舅、姨们一起生活在姥姥家。家里人多院子也大，一家人凑在一起热热闹闹的，唐学新小时候长得虎头虎脑特别可爱，家里人都喜欢逗他、抱他。

唐学新小时候印象最深的一个字，就是"家"。

那是一次饭后，小学新看到门帘上印着四个大字：勤俭持家。他指着那几个字，奶声奶气地问姥爷："姥爷，门帘上写的字是不是'门帘挂家'啊？"

片刻的沉静后，家里人哄堂大笑。姥爷直接抱起小学新，狠狠地亲了他一口说："我的大外孙就是有才，门帘就是挂在家里，不然还能挂在外面吗？"说完，姥爷还因为他念对了"家"这个字，奖励他零花钱。

唐学新后来回忆，那应该是他用"才华"淘的"第一桶金"。

因为姥爷的奖励，小学新很长一段时间到哪里看到"家"这

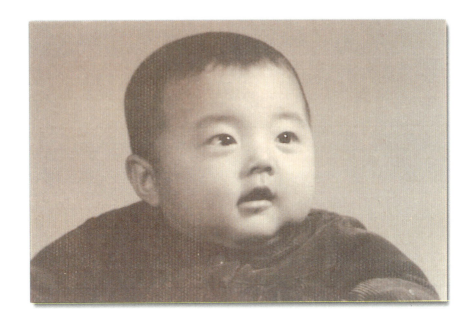

⊙ 一周岁时的唐学新

个字都会大声地念出来，每每逢年过节串亲戚，亲戚们都会抱着小学新问："大学生，我家门帘上的字念什么啊？""门帘挂家"四个字更是成了他的别称。

四个字就读对了一个，本来是一件让人忍俊不禁的事，但小学新偏偏是"家"这个字没有读错。谁能想到，这个被所有人打趣的孩子，一直把这个字记在心里，并在很多年后，真的让大连公交成了市民"流动的家"。

院子里有了电视机

1976年，唐学新的姥爷买回来一台18英寸的黑白电视机。

那时候，家里能有一台电视机，是一件相当稀奇的事，这还是左邻右舍之中买回来的第一台电视机，其轰动程度可想而知。在屋顶安装天线那天，附近好多家的年轻人都过来帮忙。天线又细又高，立在屋顶很是惹眼。

自从家里有了这么个"宝贝"，每到天黑，邻居们吃过饭后，都会跑来唐学新姥姥家里看电视。开始大家还坐在屋里看，后来人渐渐多起来，屋子里坐不下，姥爷索性就将电视机搬到了院内，邻居们就自己带着小板凳，坐在院子里一起看。看到有趣的地方，人群中时不时还会传来笑声。

这天，小学新照常搬着小板凳到院子里，他刚一坐下，黑白屏幕上放映的电影瞬间就吸引了他的注意力。电影名叫《党的女儿》，影片讲述了共产党员李玉梅带领人民群众坚持斗争，最后为了掩护游击队员而英勇就义的故事。影片中有一个片段，是女主角庄严而激动地说："我是党的人了！"

小学新的心一下子就被这句话击中了。尽管那时的他还不太懂得革命、党性这些内容，但看着女主角站在硝烟弥漫的土坡上，对着那面鲜红的旗帜，铿锵有力地说出那句话时，一种从未有过的感觉流过他全身，小学新定定地看着女主角一步一步走向人群，分明是黑白的人物竟然渐渐有了色彩，而她眼中的赤诚也深深地震撼到了小学新。

2009年6月23日，那个在大院里看影片的孩子已经步入中年，埋在心底多年的夙愿终于发芽，唐学新站到鲜红的党旗下，向中国共产党道出了虔诚的心声："我将永远听党话、跟党走！"

不好养活的小鸡崽

姥姥家的院子里养了不少动物，有鸡、鸭、鹅，看着姥姥照顾它们，小学新心里也痒痒的。他不甘示弱，也养了几只小乌龟、几条小金鱼。一有时间，小学新就会过去逗逗它们。

一次，姥姥家门前聚了很多人，他屁颠颠地跑过去，只见一个老爷爷正在卖小鸡崽，小鸡崽毛茸茸的，聚在纸箱里，非常招人喜欢。老爷爷和蔼得很，唐学新用手摸了摸小鸡。这些小家伙用脑袋蹭着小学新的手心，让小学新更加爱不释手了。他赶忙跑回家，让姥姥给他买几只。

谁知回到家，姥姥说这样的小鸡崽不好养活，怕小学新伤心，所以不给他买。但小学新铁了心要养，姥姥最终拗不过他，就答应买了两只。小学新认真地挑了半天，最后挑中一只红色的和一只黄色的。

小学新担心两只小鸡崽被姥姥家的大公鸡欺负，就专门找了个纸盒子，给它们搭了个简易的小窝。小家伙来到陌生的环境好奇得不行，它们一直把头往纸箱外面探，小学新看着，开心极了。

这时，姥姥走过来跟小学新说："你既然决定养它们，就一定要对它们负责，不能因为照顾它们辛苦，就不干了。"

小学新认真地点点头，把小手放在胸口一拍，说："放心吧姥姥，我会好好照顾它们的。"

之后，小学新每天都给它们喂水、喂小米，还捉小虫子给小鸡崽吃。纸盒脏了，他就换一个。晌午院子里热，他就把小窝挪到屋檐下阴凉的地方。小小的学新，第一次体会到照顾小生命的乐趣，他的责任心也悄悄地培养了起来。

功夫不负有心人，姥姥嘴里不好养活的小鸡崽，在小学新的精心侍弄下，没过多久，就长到和姥姥家的鸡一样大了。

对车的最初印象

唐学新小时候最开心的事，就是看麦子脱壳。

家里人会种植小麦，一到麦收季节，家里的大人会将麦穗小心剪下，摘去旁边多余的叶子，然后把这些麦穗撒在马路上，让过往的车辆轧过麦穗，以便让麦子脱壳。

每到这时，小学新就会拿着小板凳坐在路边。看着大人们一剪刀一剪刀地剪下麦穗，然后又一把一把地扬起来，撒在马路上。有时候家里人还会给他一个篮子，让他帮忙捡拾掉在地上的麦穗。

平坦的马路上，挎着篮子的小姨抓起一把麦穗，手一扬，麦穗就七零八落散在路上。微风拂过，像给街道穿了件锦衣绸缎。

那时候车辆很少，好几分钟才会经过一辆。麦收的下午，小学新坐在一旁的土坡上，远远地听到汽车发动机声，他就会站起身子，看着四个轮子卷起两排飞尘，而那道划开黄土的汽车，不一会儿就飞驰着来到小学新面前，车轮轧过麦穗，一下子就把麦子和麦壳轧得分开两半。

所有路过的车子里，让小学新印象最深的就是公交车。公交车是路过的车里面最大最长的，车前有一块透明玻璃，坐在驾驶座位上的司机师傅戴着手套，握着黑色的方向盘，眼睛直直地盯着前方。当车子经过小学新身边时，他透过侧面的小车窗可以看见车子里提着公文包的男人、背着书包的孩子和坐在座位上白发苍苍的老人。小学新觉得，握着那个大方向盘、坐在最前面的人一定很厉害，不然这车上怎么会有这么多人呢！

每当有一辆公交车经过，小学新都会欢呼雀跃好久。

稻香纵横牧野，车辆碾过麦穗，破开的麦壳受惯性抛到空中，又重重落下，麦毯被砸出一个又一个小坑，像是撞碎一坛金黄色的蜜。发动机声、车轮碾过稻壳的声音、晃动的车把手和那个巨大的、黑色的方向盘，这就是唐学新对车的最初印象。

从大院子到"抗大"瓦房

唐学新的姥姥家是几间大瓦房，房前有一个院子，中间有一个院子，屋后还有一个院子。家里人多，院子多，院子里种的果树也多。三个大院，种的果有桃、杏、梨，还有枣子、山楂、核桃等。院子的一角有一个葡萄架，上面爬满翠油油的葡萄藤，远看像是垂了一条绿色的瀑布；姥姥家门前的两棵石榴树，每到夏季，火红的石榴花争先恐后地在树枝上绽放，红彤彤一片好看极了，惹得蝴蝶、蜜蜂在花朵上忙前忙后。要是留心家里的窗台，还会发现大螳螂，它摇头晃脑，用自己镰刀一样的前臂敲窗户，甚是威武。

到了秋天，小学新有吃不完的水果。在秋收季节，爸爸把他高高地举起，让他能摘到果树下面的果实，每每摘下一个，小学新都毫不客气地直接送进嘴里。过几天，爸爸妈妈就会带着他，拿着新鲜的水果，送到邻居爷爷奶奶家。

家里人偶尔会在院子中间搭个简易的台子，在上面吹拉弹唱。在小学新姥姥的屋里，墙上挂着好几种乐器，有姥爷拉的京胡，还有舅舅拉的二胡。唐学新的舅舅现在已经快七十岁了，还活跃在大连市业余团体表演的舞台上。

小时候，小学新也会好奇地捣鼓几下这些乐器，但他终究缺少艺术天赋，没弄出什么名堂。倒是家里有台留声机，让他把玩了好久。打开盒盖，把圆形的黑色唱片放在留声机正中间的轴上，再把钉着针头的把手放在唱片上，唱片就能转动。唱片一转，声音就咿咿呀呀地出来了。等听过两张唱片后，小学新再拿出小摇把，给留声机上弦，上了弦，留声机又能唱出咿呀的调子。小时候唐学新就经常听京剧，知道梅兰芳、周信芳这些老一辈的艺术家，还知道《洪湖水浪打浪》《四季歌》那些歌曲。

从记事到上小学，唐学新都是姥姥、姥爷带大的。没有上过幼儿园，小学新每天跟邻居家的小伙伴们一起，滚圆圈、弹弹珠、跳房子，纸飞机叠了又叠，在房前屋后起起落落。夏天，他们会在竹竿上绑网兜，捉蜻蜓、粘知了，脸晒得通红也不停下来。每年过年，都是小学新最开心的时候。一大早，小学新就被人从床上拉起来，跟在爸爸和舅舅身后打糨糊、贴对

⊙ 小时候的唐学新在自家园子里

联；晚上吃过年夜饭，小学新放下碗筷，转身就拿起姥爷买的烟花爆竹，跑到院子里玩。家里鞭炮不会买很多，小学新不舍得一次放完，就把小鞭从线上拆下来一个个地放。

时间来到1972年，七岁的小学新到了上学的年龄。挥别了院子里的红石榴树、大螳螂和小冰刀，小学新来到自家马路对面的抗大小学读书。抗大小学，是我国在20世纪60年代经济困难时期，一种由街道创办的小学，在全国很多地方都有。小学新就读的"抗大"只有一间大瓦房、一名老师，课桌和小凳都得学生从自家带。唐学新还记得上学第一天，天气冷得不行，小学新和爸爸妈妈一起，抬着小课桌和小板凳，高高兴兴地往学校赶。他的小脸冻得通红，小手也冻僵了，这些他都顾不上，因为上学对唐学新来说是件"新鲜事"，高兴的小学新对瓦房里的一切都充满好奇。

在"抗大"读书时，班里几乎都是左邻右舍的孩子们，大家年纪相仿，彼此熟识，老师在了解了各家情况后，把小学新的家作为整个班寒暑假的学习场所之一。

一到寒暑假，就是小学新他们这群孩子最快乐的时光。小孩子生性爱玩，自律性也差，几家子凑在一起，总是学一会儿就跑去玩一会儿。小学新记得，自己的姥姥姥爷当时跟在他们后面，满院子追着撵着，叫他们"学习，学习"，表情却是慈爱的。

在这样的氛围下，小学新乘着知识的船儿慢慢地成长。

小子，还骑吗？

上学之后，小学新每天要学aoe这些拼音，还要背九九乘法表。最初入学的兴奋消失不见后，小学新骨子里贪玩的性子又跑了出来。可那时，院子里孩子们玩的游戏已经不能让小学新提起半分兴趣了，他看中的是院子里的新物件。

小学新的爸爸在机车厂工作，每天上下班，爸爸都骑着一辆"二八"自行车。看着停在院子里的大家伙，想起爸爸坐在上面，长腿踩在车上，风一吹衣摆飞扬的样子，小学新觉得威风极了。在那个小朋友都崇拜父母的年纪，小学新羡慕的不是爸爸的工作，而是爸爸会骑自行车这件事。无数次，小学新都梦想着自己骑在家里的"二八"大车上，去海边兜风，或是去同学家玩。

可是，对当时刚上小学的学新来说，这辆大"二八"实在是太大了，他站得笔直，也只比自行车高出一个脑袋尖。这让小学新很是苦恼，就连练车这件事，也是跟爸爸软磨硬泡、反复保证了好久，才被允许摸车，开始练车。

当时条件不如现在，小学新的父母忙着工作，告诉他一些基本技巧和注意事项，带着他练过几次后，小学新就自己在空旷的院子里，骑着这个跟自己差不多高的大家伙，摸索着学习。

小学新在骑车方面很有天赋，练了一阵子，就能骑行自如了，有了这样的进步，小学新很是得意扬扬。就在他想回家跟爸爸妈妈炫耀车技时，突然遇到一个陡坡，小学新为了避开障碍物，没控制好方向，直接把自己摔了个狗啃泥。

那一跤摔得真狠啊，愣是把小学新摔得半天都没爬起来，新裤子也磕破了，胳膊、膝盖上都是伤。在地上趴了一会儿，小学新就坚强地站了起来，推着爸爸的自行车，一瘸一拐地走回家。

看着破破烂烂的新衣服，小学新心里十分忐忑，他觉得自己闯了祸，在走回家的路上，他就做好了挨骂的准备。回到家，他忐忑地把自己的经历告诉了爸爸。爸爸看着小学新狼狈又可怜兮兮的样子，虽然心疼不已，但还是强装镇定地问小学新："还骑吗？"

那时的小学新虽然伤痕累累，但还是含着泪花，坚定地点了点头。爸爸就笑了笑，摸着小学新的头说："那就洗把脸，然后继续骑吧。"

那之后，小学新练习得越发频繁，车技也更为精湛。每逢爸爸休息的时候，小学新都会骑着大"二八"，穿梭在大街小巷，去他想去的地方，快乐得如同一只自由的小鸟。

那个时候的唐学新不会想到，很多年后的他会驾驶着更大的家伙，迎朝阳披月光地穿梭在城市中，载着更多的人去到他们想去的地方。

换三趟车也难不倒

　　小学新还没上学时，爸爸妈妈会利用周末休息的时间，抱着他，一家三口坐公交车去爷爷奶奶家看望两位老人。后来小学新上学了，还学会了骑自行车，他就拍着自己的小胸脯跟爸爸妈妈说："我已经长大了，可以自己去爷爷奶奶家了！"

　　一开始，爸爸妈妈十分不放心，孩子这么小，怎么敢让他一个人去那么远的爷爷奶奶家呢？他们果断拒绝了小学新的请求。但看着快快不乐的儿子，又想起小学新之前练习骑自行车时，摔得鼻青脸肿还不服输的样子，夫妻俩也是于心不忍，于是爸爸说："这样吧，下次再去爷爷奶奶家的时候，我们俩不说话，你指挥我们。要是你能顺利地把咱们仨带到奶奶家，以后就让你自己去。"

　　听到这话，小学新眼里顿时燃起希望的火光，他握紧小拳头，带着跃跃欲试的表情，认真地跟爸爸妈妈说："好啊，看我表现吧！"

　　约定的周末很快就到了，小学新一家收拾妥当，就向着爷爷奶奶家出发了。去爷爷奶奶家要换乘三次公交车，一路上，爸爸妈妈遵照约定没有说一句话，反倒是小学新，看着公交牌，告诉爸爸妈妈在哪一站换乘，怎么过马路，指挥得头头是道。爸爸妈妈看着小学新自信的样子，不安的心也渐渐放下了。聪明的小学新最终带着爸爸妈妈安全抵达了奶奶家，在奶奶家门口，小学新神气地叉着腰："别说换三趟车了，就是换十趟，也难不倒我！"爸爸妈妈对视一眼，对着骄傲的小学新笑了起来。这之后，小学新就经常自己去爷爷奶奶家了。

每次去爷爷奶奶家，小学新都会带着爸爸妈妈给老人准备的东西，然后他还要用自己的零花钱，或者买两块月饼，或者抓一把糖，带给两位老人。那个时候小孩子也没有很多零花钱，小学新就能把自己平日里攒下来的零钱给爷爷奶奶买礼物，这是多么孝顺又善良的孩子呀。爷爷奶奶每次看见小孙子，也是十分开心。祖孙三人聊天玩闹，度过了一个又一个快乐的周末。

尽管要换乘三次公交车，小学新每次都有一个固定的站位，那就是——驾驶室后方。即使车上有座位，小学新也雷打不动地站在这里，看着司机叔叔或阿姨驾驶公交车。那时的小学新，刚学会骑自行车没多久，看着公交车上圆圆的方向盘、来回换挡位的变速杆、刹车油门踏板这些院子里的大"二八"没有的东西，感觉新鲜不已。爸爸的自行车最多只能载两个人，公交车司机却能拉着一车人走得稳稳当当，隔着玻璃挡板，小学新看着驾驶室里的司机师傅，感觉他们真的是好威风、好神气。

一踩油门就发动这个大家伙的司机师傅给小学新心里埋下了梦想的种子，在那个大家幻想着长大后要做什么的年纪，小学新已经是分外羡慕驾驶室里的风光。他想：长大后我也要当一名公交车司机，带着更多的人，去看更远、更好的风景！

爸爸妈妈不会知道，这一次次的出行，让小学新跟公交车慢慢结下了不解之缘。

作文拿了一等奖

上初中后，学习压力大了很多，小学新在学业上更加用心。此时，他在写作上的天赋也在求学过程中逐渐展露。

在当时，有一种作文类型叫看图说话，唐学新在回忆自己的学生时代时，想起过一篇他写的看图作文。图片是一张漫画，内容大概是一棵树从幼苗长成大树，然后开花结果的过程。当时图片上有一个细节，是果实从这棵树上掉落下来。年少的唐学新看着这张图，写下："成熟的果实从它的树上落了下来，它到底想要去找什么呢？还是想去看什么呢？我想，只有果实自己才能知道。"时至今日，他依然记得这段话。

唐学新对事物的敏锐感知和细腻表达，让他在初中的一次作文比赛中一鸣惊人。

那是初二的一次年级作文大赛，当时整个年级的学生都参加了比赛，评选的老师们看着摞在办公桌上高高的作文纸，将它们分成一堆一堆的，然后遮盖好姓名，只看内容进行评比。

想想，评阅一整个年级的作文，那真的是一项很浩大的工程。从日出东方到日光西斜，一篇又一篇的文章被老师们细细看过，较好的作品被挑出来放在一边，等待二次审阅。这边，一位评审老师按了按酸痛的腰，然后戴上眼镜，拿起一旁的文章，看了一会儿，就对身边的同事说："我看这篇不错，这小孩儿写得很有灵气。"旁边的评审老师一听，马上放下自己手上的新稿子，拿过这篇文章读了起来，一边读，一边不住地点头。

别的老师听到这边的动静，也顿时好奇起来，于是这篇文章就在教师办公室里传阅开来。

这篇老师们觉得不错的作文，内容写的是学校生活。比起那些千篇一律的记录性文字，这篇小文章写得还真有点儿意思。作文里写道："窗外的大柳树一到春天就满是飞舞的柳絮，那柳絮从树上快乐地飘了下来，顺着教学楼的窗口跳跃着就到了我的课桌上，这可爱的小柳絮似乎是在陪伴着我，让我努力地学习。"

就这样，这篇感情充沛、真实可爱的作文，一路过五关、斩六将，最终荣获全年级作文大赛一等奖。教室里的小喇叭也播放着这篇获奖文章。

等到老师们把盖着名字的封条拆下来后，"唐学新"三个字工工整整地落在这篇作文的左上角。

军装的遗憾

唐学新读书的初中52中学，再往南走是一条长长的大坡，坡路的尽头是一个警察学院，顺着学院再往下，左侧是一所监狱，旁边驻扎着一支武警中队。

清晨，武警战士们会列队出操。唐学新经常在去学校的路上，看见身着警服的官兵，迎着朝阳踢正步，那排列得整齐有序的方阵，行进中铿锵有力的步子，几乎吸引了唐学新全部的注意力。看着那些认真训练的武警官兵，听着他们响亮的口号，唐学新满眼都是羡慕。

正巧，那时的初中语文教材里有一篇《谁是最可爱的人》的课文。在老师还没有讲这篇课文前，唐学新就因为好奇，读了这篇报告文学。在这篇文章里，作者把志愿军战士称为"最可爱的人"，因为他们勇敢无畏、有对和平最深切的渴望和最崇高的爱国主义精神。志愿军的故事深深地震撼了唐学新的心，他也想成为这样"可爱的人"。

或许是因为武警战士们挺拔的身姿和飒爽的仪态，或许是因为那篇《谁是最可爱的人》，或许是因为某个晚上电视里播放的军人光辉事迹，参军就像一粒种子，悠悠地飘进唐学新的梦里。

　　1982年唐学新高中毕业，在跟家人简单地说明后，他毅然决然地报名参军。那时的他，怀揣着年少时对军队的无限向往，在家中志忑地等待消息。可惜的是，由于体检没过关，唐学新最终与军队擦肩而过。因为这件事，唐学新还在家里哭了好几次。看着自己的同学穿上军装，背着行囊坐上开往部队的大篷车，唐学新的心里既羡慕又难过。他说，自己有时做梦还梦到穿上军装的样子，可以说，没能进到部队里接受锻炼，是他这一辈子的遗憾。

　　　　我们回忆童年时会想到什么

　　　　牛皮糖、自行车、破旧的唱片机咿咿呀呀

　　　　院墙、课本，还有写不完的练习题

　　　　是梦想成为怎样的大人，还是要永远做个无忧的小孩？

　　　　穿着军装的青年列队踢着正步

　　　　拨浪鼓丁零当啷摇过街头巷尾

　　　　童年的记忆

　　　　是混杂着眼泪和微笑的

　　　　永远也回不去的曾经

第三章　初入行业

希望我们都能在自己从事的岗位上，找到热爱。

大红纸上的名字

少年唐学新还没有从军装的遗憾中走出来，另一个机会悄然而至。

1982年末，《大连日报》刊登了一则消息，大概有十几家企业同时登报，面向全市招聘员工。这则消息立刻吸引了唐学新的注意。登报招工的企业中有大连交通公司，也就是大连公交客运集团有限公司的前身。大连公交客运集团有限公司，是大连市经营规模最大的公交企业，业务范围涉及电车、公交、出租车等，几乎涵盖了大连市民所有的出行服务。

看到招工信息后，唐学新没有丝毫犹豫就赶往大连交通公司招聘点。

据唐学新回忆，报名的场面是他这辈子都没见过的"盛况"。当他赶到报名点时，迎面而来的是涌动的人潮和鲜红的横幅，从报名点到外场，几条长队蜿蜒着，远远地只能看见攒动的人头；凑近一看，队伍里有跟他差不多的半大小伙子，也有看着老到稳重的中年男人，他从没想过招工现场会如此热闹。要知道，这只是大连交通公司开设的几个报名点之一，而这次招工，公司只打算录取五十名男性职工。

回到家后，唐学新难掩心中的兴奋，立刻把自己报名的消息告诉了父母："我参加了报纸上的招工，已经把申请表交上去了。"

父母听后很是疑惑，便问道："你报的是什么单位，什么岗位呀？"

"是大连交通公司的乘务员岗位，岗位招收两百名女职工和五十名男职工。我看着挺好，所以就报名了。"

"那怎么考核呀？"父母又问道。

"就是考语文、数学这些我学过的东西，最后看成绩，谁分高谁上。"唐学新解释道。

其实刚报名的时候，唐学新心里是没底的。在全大连市招工，还只要五十名男职工，这不跟考大学一样难吗。然而，他很快放平了心态，一边安慰自己，一边给自己加油打气。自小就不服输的唐学新并没有被岗位的限制人数吓倒，他在心里默默地对自己说：考就考呗，谁怕谁呀！就是这样，他坚定地参加了考试。

当时全大连市1981届、1982届等毕业生都关注着招工信息，很多人都摩拳擦掌，跃跃欲试。报名交通公司的人很多，在大浪淘沙一样的筛选中，唐学新最终以笔试第四十九名的成绩，如愿以偿地成为五十名男乘务员中的一员。

当时，大连交通公司把录取的五十位男员工姓名，写在一张大红纸上，张榜在公司办公楼外面的墙上。唐学新不敢自己去看，于是委托父亲去看。父亲攒着一口气，跑到公司办公楼下，远远地就瞧见那鲜红色的录用榜，红纸上"唐学新"三个字像被放大一样映入唐学新父亲的眼帘。父亲惊喜得说不出话，一路小跑着回到家，刚到大门口就冲屋里的唐学新喊道："儿子，你考上啦！"

那天晚上，父亲买了很多好吃的，母亲亲自下厨，一家人在一起吃了一顿很丰盛的晚饭。餐桌上，唐学新的父亲拿出珍藏多年的好酒，给自己倒了一满杯，还给唐学新倒了一个杯底。平时不多言的妈妈这次也拉着唐学新的手说了好多话，一会儿叮嘱他："去了车场要用心学，听领导的话。"一会儿又担心地问："现在穿的鞋合不合适啊，别上了工累到脚。"唐学新将母亲的两只手握在掌心间，轻轻拍了拍，说道："妈，你放心，我的衣服鞋子都很合适。去了单位，我肯定珍惜这份工作，认真学本领，好好听车队师傅的话。"一顿饭下来，唐学新吃了不少，还一直给爸爸妈妈夹菜。爸爸看着唐学新热得红扑扑的脸，感觉那个虎头虎脑的小娃娃，好像一下子就长这么大了。父子俩没有很多话，只是在最后默契地碰了个杯。放下酒杯，父亲拍了拍唐学新的肩膀，郑重地嘱咐他："工作来之不易，千万好好干！"

在潜移默化中成长

报到那天，唐学新穿着单位下发的新工服，跟其他新工友一起迈入大连交通公司的车场。

刚入职的唐学新，就像当初走进"抗大"瓦房一样，对身边的一切充满了好奇，他根本抑制不住自己的兴奋劲和新鲜感，在车场里东摸摸、西瞧瞧，用心感受身边的一切。

全新的环境让唐学新心动，他抬头看向天空，白色云朵随风而动，湛蓝的天空像画布一样平铺开来，时不时飞过的一两只鸟儿，好像衔着一个沉甸甸的未来，划过唐学新朦胧的梦。

"新入职的员工都过来集合了！"将他拉回现实的是车队分管队长的声音。

分管队长站在车场空地上，看着眼前新招来的五十个小伙子，开了口："大家好，我是你们的分管队长，你们在实习期间的工作学习全部由我负责。接下来请大家认真学习，服从车队要求。稍后我会给你们分配师傅，你们的师傅会告诉你们需要做什么。"

说完，队长就把新招的五十名员工分成若干组，给每个乘务员都分配了师傅，然后说："实习期间你们要跟着师傅一起上岗工作、接受培训，实习期满考核通过后才能正式上岗，成为交通公司员工。"

"实习期"这三个字重重地砸在唐学新的脑袋里，原来名字挂在红榜上并不意味着高枕无忧，虽然通过了考试，但那并不是终点，唐学新意识到，摆在他前面的路还很长。

唐学新在实习期间的师傅叫张莉。张莉同志是一名共产党员，也是唐学新的知心姐姐。在实习期间，唐学新每天都很细心地观察着师傅的一言一行，轮到他上岗操作时，他上手很快，即使师傅就站在旁边看着，也一点儿都不紧张，把乘务员的工作任务处理得井井有条。

乘务员这个工作不是一个对技术要求很高的工种，相反，作为一个服务岗位，它需要工作人员有较强的服务意识和服务理念，以及优良的服务水平。唐学新每天都跟在师傅身边，用心地学习师傅是如何服务乘客的。看到师傅对乘客无微不至的照顾和热心的服务，尤其是面对行动不便或者抱着小孩的乘客时，师傅耐心的话语、细节处的关怀，都让唐学新打消了最初"好玩"的想法。和师傅比起来，唐学新觉得自己要学的还有太多，师傅的那股子热心劲儿给了他很大的触动，他开始沉下心来，要求自己努力跟上大部队，和大家一起进步、一起用心，尽快地融入工作中。

光是看还不够，唐学新很珍惜每一次实操机会。只要一有站岗服务的机会，他一点儿也不扭捏胆怯，而是把自己看到的、学到的一点一滴用于服务乘客。不服输的性格让唐学新不满足于普通的服务，如果要求的服务态度是5分，他一定要做到6分甚至更好。当时的公交车乘务员主要工作是收取车费和找零，唐学新收费又快又准，经常受到师傅表扬。

那个时候公交车少乘客多，拥挤的车厢需要乘务员维持秩序，还要盯着每位乘客买票，唐学新经常在车上扯着嗓子高喊，这样一天下来，嗓子干哑几乎是常态。但是第二天，他还是会在高峰期大声喊着维持车内秩序。师傅张莉心疼他，要跟他轮着喊，被唐学新拒绝了，用他的话说，师傅带自己已经很辛苦了，何况还是女同志，怎么好老是让她喊呢。而自己打小就是大嗓门，"不用白不用"。看着他憨憨地笑出一口大白牙，师傅张莉也只能无奈地点点头，心里很是赞许这个小学徒。

在巡车的时候，唐学新经常主动帮助乘客，看到行动不便或者带着很多东西的人，他一定要上去搭把手，尽可能地帮他们安排舒适的座位。对汽车进行例行检查时，唐学新更是态度认真端正，因为他知道，这件事关乎一整车人的安危，所以他一定是慎之又慎，小心再小心。

实习期间，唐学新要求自己只要在岗，就做到热情体贴、面带微笑地服务他人。倾听乘客的合理诉求，尽自己最大努力给乘客带来舒适的乘车体验，是唐学新一直秉持的服务理念，也是他在车队中学到的东西，即使之后他成为客运公交车司机，也没有忘记实习期培养的服务理念，这些优秀的品质也为他之后出圈的"唐氏微笑"埋下了伏笔。

驾驶室里过把瘾

尽管当时的岗位是乘务员，唐学新还是做了一件儿时梦里就想做的事。

那是一个午后，微风吹过车场，卷走一丝丝暑热，下工的唐学新在检查好车内的机械装置后没有马上离开，而是安静地坐在驾驶位上。

是的，那是他儿时梦到无数次的场景，他回忆起小时候去奶奶家换乘的三趟车，回忆起车厢里摇晃的把手、提着鸡蛋蔬菜上车的乘客和那时看起来无比威风的司机师傅。作为乘务员的唐学新，是背对着司机面对着乘客，而现在，他坐在自己曾经背对着、又无数次出现在梦里的那个位置上，透过巨大的车窗玻璃，看向外面。

有微风轻轻吹过，白色的云在瓦蓝的天空里慢慢地游，这是唐学新第一次以这个视角观察外面的世界。他正对着的是车场里零星停着的几辆公交车，头顶是天，脚下是水泥路，即使看到的只是固定的一块场景，唐学新还是不舍得离开驾驶室。他把两只手规规矩矩地放在腿上，身体微微后仰，连带着心情也变得轻快。唐学新放松地坐在座椅上看向远方，嘴里哼起歌儿来。

洪湖水呀

浪呀嘛浪打浪啊

洪湖岸边

是呀嘛是家乡啊

那是他小时候在唱片机里听到的歌儿，现在也只记得这几句。

唐学新检查的这辆车，在一个小时后会迎来交班的司机师傅。外面的公交车在路上行驶，满载着乘客奔赴下一个站点，可现在车场里静悄悄的，时间在这里走得格外缓，汽车的前门开着，坐在驾驶座的唐学新可以闻到路边的花香。

整个世界被缩小再缩小，最后聚拢在驾驶室的方寸间。

这是他人生中第一次坐在驾驶室里，尽管什么设备都没有动，但唐学新知道，自己的心并不平静。比起他往后人生中无数次的驾驶经历，这个安静不动的车厢是那么微不足道，但正是这弥足珍贵的一次尝试，圆了唐学新孩童时的梦，也昭示着未来这位热情服务的司机与公交车数十年的不解之缘。

包车组干劲足

一个月后，实习期满，唐学新顺利完成了他的实习。三十天，放在月历上不过就是眨眼间一次翻篇，对唐学新来说却并不简单。这是他毕业后第一次度过如此规律且充实的生活，每天早起、上工、交班、下工，看似机械的日常在唐学新这里并不枯燥，相反，正是这三十天的锻炼，让唐学新有了很明显的思想转变。

刚上岗的唐学新，就像个没头没脑的"愣头青"，只知道跟在师傅身后，师傅让干什么他就干什么，可以说没有明确的服务意识和理念。日子一天天过去，他看着师傅如何为大家服务，耳濡目染也学到很多。一次实习期间，他顺手帮一位两只手都提东西的乘客拿了一下菜，好让这位乘客腾出手拿零钱，乘客在交完车费后，就对他感激地笑了笑。

笑意传递温暖，人与人之间纯粹的善意让工作疲惫的唐学新轻松了很多，虽然笑容只有短短一秒，但足够让唐学新开心很久。短短一个月的实习，他体会到从未有过的快乐，而这份快乐，源于服务他人带来的成就感和自豪感，他也逐渐明白这份工作的可贵。一个月下来，他真的爱上了这份工作。在跟家人简单交流后，唐学新主动去找了车场的领导。

进办公室前，唐学新深吸了一口气，他想起那天坐在驾驶室看到的白云、青草和实习期间那些点头微笑，他慢慢平复了心绪，然后推开门，把他在心里打了无数遍草稿的话讲了出来。

"领导，我是新入职的乘务员，我叫唐学新。现在我的实习期满了，但我还想留在车场，继续为乘客服务！"

唐学新的行为触动了车场的领导，领导先是大大赞赏了他，对他的服务精神表示肯定，然后立即决定，让唐学新继续留在师傅张莉同志的车上。

当时，唐学新这一车一共四名乘务员，分上下两个班轮替，一个班上有两名乘务员，在前门后门各有一位。唐学新和他的师傅在一个班上，另外一名党员师傅，带着跟他一起入职的新乘务员在另一个班上。有缘的是，跟唐学新分到一个车组的另一位职员，在入职考试的时候跟唐学新名次正好挨着，两个人一个是第四十九名，一个是第五十名，这次还分到一个车组一个路线，兄弟俩一边感慨有缘有缘，一边互相为对方加油打气，约定好要一起好好干。

包车组成立后，单位领导为了激励大家更好地工作，把唐学新这个车组命名为"党员包车组"。看到这五个闪亮亮的大字贴在车前风挡玻璃上，唐学新的心里并不平静。他知道，挂上这个名字，意味着他的服务不仅仅代表他一个人了，整个包车组现在是荣辱与共的关系，而他决不能拖车组的后腿。微风把鲜红的横幅微微吹起一角，唐学新悄悄握起自己的拳头，暗下决心要努力做好服务工作。

⊙ 唐学新跟包车组公交车合影

凌晨比白天更火热

1984年的春天，万物复苏，生机焕发。春天是一年四季的开始，象征新生和希望。对唐学新而言，他的职业生涯，也迎来了一个新的起点。这一年，唐学新经过公司内部推荐、考核、选拔等环节后，转为一名公交驾驶员。

成为公交车司机后，唐学新并没有觉得轻松，相反，他觉得自己肩上的责任更重了。

那时的工作条件比起现在差了很多，无论是车辆还是其他。尤其到了冬天，放在室外的公交车吹了一整夜的寒风，整个车厢寒气袭人，唐学新每次开门上车，都要被冻得打个哆嗦。一到车场，唐学新第一件事就是拎几桶开水上车，他要往车里加好几桶开水，还要用手不断摇摇柄启动发动机，这样才能启动车辆。一套程序下来，穿着棉服的唐学新在北方冬日的凌晨里，身上也会起一层薄薄的汗。

有一次，唐学新早早地来到了车场，看到几名驾驶员在开着大灯的车场忙前忙后，这几名驾驶员是单位的党员、骨干员工，还有劳模。他瞬间感到好奇，赶紧走上前去询问道："你们在干什么呀？"

"我们在早出库。"

"什么是早出库啊？"

几个老师傅一听唐学新的发问，都不由得笑了起来。其中一位驾驶员拉着唐学新的手跟他细细解释起来。原来，车站站牌上写的早班车时间，是驾驶员到始发站的时间，但是驾驶员实际的上工时间，要早很多。当时唐学新他们那批最早出车的驾驶员，往往要凌晨3点多就来到车场，把车"出库"，而有经验的老驾驶员们，就会更早来到车场，帮助早班车驾驶员们做出库前的准备，以便所有车辆能够安全、按时、顺利地出库，这就是"早出库"。

在这之前，唐学新以为公交驾驶员跟别的岗位一样，白天工作晚上休息，顶多比别人早那么一个半个小时上工，或者晚两三个小时下班。没想到，他们从凌晨开始就这样火热。

看着灯光下老师傅们忙碌的身影，热心又善良的唐学新被打动了，一股敬佩之意油然而生，瞬间暖化了他被寒风吹得冰凉的胸口，他想：这些师傅明明不用出早班，却还是起这么早，给同事提供方便，我年轻力壮的，为什么不加入他们之中，给车场的大伙提供帮助呢？

说干就干，唐学新很快就找到其中一位——大连市的劳动模范李师傅，跟他说明了自己想要加入他们的想法。出人意料的，李师傅拒绝了他。

"你的心意我知道了，可是你还小，这活儿很辛苦的。"李师傅笑着回应，意思是让唐学新再等几年。

再等几年？唐学新不服输的劲头又上来了，服务哪还能等呢，他觉得自己已经不是小孩子了。

"没事的李师傅，我不怕辛苦不怕累。"

看到李师傅还有些犹豫，唐学新趁热打铁："我家离咱们车场很近，几步路就到了。等车都出了库，我还能回家睡个回笼觉呢！"

就这样，李师傅最后也没禁得住面前这个年轻人的软磨硬泡，答应了他。看着灯光下唐学新亮亮的眼睛，李师傅拍了拍他的肩膀，欣慰地笑了。

从此，凌晨车场的大灯下，多了一个火热工作的年轻身影。

小徒弟的困惑

让唐学新十分自豪的一件事，是他在转为驾驶员后，还收了很多小徒弟。唐学新不仅教小徒弟们技术，还经常跟他们讲知心话。这天，有一位叫李斌的小徒弟，愁容满面地来找唐学新。

李斌是一名从外单位转到公交集团的驾驶员，以前并没有从事过公交行业。他刚到单位的时候，总是热情高涨，学习的时候会站得很靠前，有问题也及时提出来，他还跟唐学新说，自己"决心成为一名优秀的公交驾驶员"，这让唐学新印象很深。所以看到他现在沮丧的样子，唐学新走了过去。

"怎么，是不是工作上遇到什么难题了？"唐学新笑着问他。

　　李斌开始低着头，只是用脚蹭地面，纠结了一会儿，他抬头一脸委屈地看着唐学新，说出了心中的困惑。

　　"师傅，我看您工作总是轻松愉快的，怎么到我就不是这么回事了？"

　　原来，日复一日的烦琐工作，伴随着拥挤的车厢和众多的乘客，让这位年轻人的心理防线几近崩溃，再遇到一些不太配合的乘客，他心里就会更加烦躁。热情被消磨，负面情绪不断叠加，又没有纾解的方式，唐学新在他的小徒弟身上看到了背着沉甸甸稻草的骆驼的影子。

　　还好，现在还不算晚，唐学新心里暗暗地想，随后，他换了个姿势，把身子更侧向自己这个心绪杂乱的小徒弟，然后笑着开口。

　　"你知道我们的服务质量取决于什么吗？"

　　"取决于什么啊，师傅。"李斌懵懂地发问。

　　"就取决于我们自己啊！"

　　"我们自己？"李斌还是没弄明白。

　　唐学新接着解释道，"其实我们每个人对乘客都会有一个自己的定位，当你把乘客定位成'工作任务'或者'矛盾对象'时，遇到问题就很难保持冷静，在这个岗位上你自然会越做越难，甚至可能跟乘客发生冲突。但是一旦你转变思路，将乘客看成是自己的朋友，以对待朋友的态度和方式去处理一些问题，可能很多心结就迎刃而解了。"

　　"还有一点，"唐学新接着说，"遇事首先要冷静，要记得换位思考，多从乘客的角度去看问题、想问题，这也是一个好办法。"

看着小徒弟逐渐舒展开的眉头，唐学新亲切地拍了拍他的肩膀，告诉他有这种困惑很正常，不要觉得不好意思，也不要把事憋在心里。

唐学新没有说更多安慰的话，毕竟听是一回事，想清楚、做明白又是另一回事，这些都要靠时间去检验。看着眼前这个小徒弟，唐学新亲切地说："慢慢来，我相信你。"

好心态是门大学问

唐学新在学生时代就很喜欢雷锋、海娃这些英雄的故事，他觉得，除了有忘我的服务态度，还要保持一个积极向上的心态，只有这样，才能在奉献中感受快乐，才能更好地服务乘客。

唐学新在客运集团做驾驶员的头几年，公司陆陆续续来了不少新驾驶员。驾驶员上岗前都要参加公司组织的思想培训，这时候，领导就找来唐学新，想让他这位"老师傅"给新职员分享心得。

唐学新哪里会说什么大道理呀，他跟领导说："我不太会说什么特别高级的理论，可能只是分享一些自己平时积累的经验。"

领导却觉得这恰恰是最重要的，"你比他们更成熟，更有经验，分享这些就很好。"

听了领导的嘱托，唐学新也跟着参加了新职员培训会。看到这些新面孔，唐学新一下子就想到了几年前刚入职的自己，他为人热情大方，谈吐也随和亲切，一下子就跟新职员们打成一片。刚聊上一会儿，新职员们就唐哥长、唐哥短地叫开了。

虽然大家聊得热火朝天，可是唐学新没有忘记自己的"任务"，于是他在跟这些新成员们交流的时候，都会和他们聊这样一个话题：为什么会选择这个岗位？结果问了一圈下来，大多数的答案都是："想把它当成一个吃饭的饭碗"。

在听到新入职成员们的想法后，唐学新重拾起"老大哥"的身份，跟他们说："我觉得咱们公交驾驶员十分不容易，咱们不仅工作很辛苦，还要有强烈的责任心，如果大家只把公交驾驶员当成一种谋生手段的话，当然会觉得辛苦。大家不妨试着去喜爱这份工作。"

"试着去喜爱"，简简单单的五个字，做起来却并不轻松。入行几年，唐学新已然明白公交车司机岗位的特殊性，早出晚归辛苦不说，不仅仅是自己，家里人也要付出很多，无论怎么看这都不是一份轻松简单的工作，他自己当时也很困惑，"为什么要选择这个岗位？"然而，在无数个行驶在马路上的日夜，在无数个与乘客交流并收获一声"谢谢"或是一个微笑的瞬间，他感受到这份工作带给他的独特体验，感受到服务他人带给自己的满足，如果接收到正向的反馈，他会更加开心。从尝试到深入，唐学新已经爱上了这份工作，爱上了服务他人。

唐学新接着开导新人，他说，喜欢上一份工作并不难，难的是去发现让你喜欢的点。但只要再细心、再用心一点儿，你会发现这个岗位带来的快乐。当你感受到快乐时，你也就不会觉得辛苦了。

新入职的成员听到唐学新的分享，都鼓起了掌，其中一位更是站起来说："唐哥，你说的也不是什么大道理，但我听了之后感觉特别有用、特别舒服。"

唐学新不好意思地笑了笑，他觉得，自己只是很认真、很坦诚地分享入行几年的心得而已。其他工友听了都说："学新，心态可是门大学问，你这是轻松上道了呀！"

的确，工作性质决定了唐学新他们一定会很辛苦，所以，无论以什么样的心态去面对这份工作，他都希望，不要让自己的心太累。

生活也好，工作也罢，本来就没有什么大道理，只需要保持积极的心态，热爱它，也就能真正感受到快乐。

> 我们赞美日出赞美月色
> 赞美山川也赞美湖泽
> 因为我们热爱生活，所以热爱着生活给予的一切
> 包括辛劳，也包括快乐

 第四章　与乘客交朋友

把我们相处的点滴拼凑起来，于是我读到一首诗。

寒夜里的守护者

坐标北纬40°，东经120°，这座名为大连的港口城市，在12月迎来了一场大雪。

唐学新刚刚下班，此时天已经完全黑透，路灯尽职尽责地亮起，在雪地里笼出一圈橙色的光晕，行人呼出的哈气在眼前白白一团，棉鞋踩在雪地上，发出嘎吱嘎吱的声音，比起南方温暖湿润的气候，辽宁大连有着极为分明的四季特征，每年冬天这里一定会下场大雪，今年这次格外地大。在给车子熄火的前一秒，他还分神地想到今早出门前妻子对他说："今天降温，下班早点儿回家，咱们晚上熬汤喝。"

太冷了，世界像跌入了冰窟，旁边还架着一个只吹冷气的鼓风机。

唐学新被这寒风寒夜逼得加快了脚步，匆匆往休息站赶去，他要在那里喝一口热乎乎的白开水，换下工服，套好自己的棉服然后回家。

刚到休息站门口，他就看见屋子里好几个人影。都这个时候了，屋里怎么还有这么多人呢？唐学新满心疑惑，迈着大步走进休息室。

一进门，他就看见值班的调度员在打电话，调度眉头紧皱，语气有些着急，但还是清晰地说着："好，好，我了解了，我们这边协调一下，再见。"挂断了电话，调度员叹了口气，跌进椅子里。

唐学新适时出声询问："发生什么事了？"调度员这才转过身子跟唐学新打招呼："哎呀，唐哥下班啦，我刚刚都没看见你。是这样，今天不是天气不好吗，等车的人多，最后一班车拉不下了。还有部分乘客在始发站，就是中山广场那边等车呢。人家等不来车，就给集团打电话了，可是咱们末班车已经开走了呀。我刚刚把这个事情报到集团，领导让我想办法调度一下，我这正犯愁呢。"

唐学新看了一眼墙上的挂钟，此时已经是晚上10点多，确实过了末班车的发车时间。唐学新看着面露难色的调度员，想到刚刚外面那寒风，本来要换工服的手顿住了。

"小曲，我再跑一趟吧。"唐学新对调度员说。

"啊，这大晚上的，天还这么冷，唐哥你能再跑一趟？"调度员疑惑地问唐学新。

"怎么不能，开这么多年车了，我没有问题！再说，这么冷的天，肯定不能把乘客扔在雪地里受冻不是。"工作这么多年，唐学新早就把"将心比心"四个字印在脑子里了。

"那行，那先谢谢唐哥了，辛苦老大哥再发一次车，我联系集团，给您调辆车！"调度员满是感激地跟唐学新说。

"好，你先联系，我看看能不能再叫上几个工友，我们一起

⊙ 2013年，唐学新入围"温暖中国"全国候选人

过去，把乘客们都送回家！"

那个晚上，唐学新带着三名驾驶员，顶着刺骨的寒风，把等候在沿线车站的所有乘客都送到了目的地。等他再回车队时已是深夜，换好棉服准备回家的唐学新给家里打了一个电话，第一句话就是："我现在往家走了，今晚的汤能喝上热乎的不？"妻子在电话那头轻轻地笑："怎么没有，你现在回家，我现在就给你热，怎么还不能让你喝上一顿热乎的汤？"

挂断电话，唐学新迈着轻快的步子往家赶。一边走，他一边想着乘客们上车后对自己的感谢，唐学新觉得心里暖融融的，仿佛自己已经喝上了那碗热乎乎的浓汤。

冬天的夜格外安静，405路公交站每一站都空空荡荡，没有跺着脚候车的乘客，也没有在家中挂心的亲人，末班车守护者一打开家门，就闻到香喷喷的肉汤味。空气中的雪花四散飘扬，无数盏灯光从温暖的屋子里投射出来，穿过大气形成一条条漂亮的光束。无数光束汇集，变成一支火炬，而我们的长夜守卫人，义无反顾地举起了它。

寒夜终有尽头，且待渐暖春归。

端午节前的探望

唐学新开公交车这些年，帮助了不少乘客朋友，老李（化名）就是其中一位。老李是一位残障人士，出门时行动十分不方便。那一次，他正好坐了唐学新的公交车，唐学新看他行动不便，就很照顾他，在他上车的时候帮忙扶了一把，还问他在哪一站下车。到了老李下车那站，唐学新稳稳地停好车，等老李一步一步慢慢地下车，在路边站稳后，才发动车离开。

后来，老李一碰到唐学新开的公交，就热情地跟唐学新打招呼，这一来二去的两个人也就成了好朋友，唐学新也经常去老李家探望他。后来，老李家搬到了一个比较偏远的新开发的小区，唐学新知道后，总想着找个时间去他的新家看看他。

事情拖着拖着就到了农历五月，那天在调度室闲聊的时候，唐学新想起来自己在端午节前一天正好轮休，于是就想着那天去拜访自己这位老朋友。

他在调度室一提这个事，其他几个好兄弟也觉得这主意很不错。可唐学新犯起了难，因为老李家的小区是新开发的，位置也比较偏，唐学新不知道要坐什么公交车，打车吧，他又有点儿心疼钱，所以他就问其他驾驶员，知不知道怎么过去。

谁知道，几个驾驶员听了这个地方，竟然面面相觑都摇起了头，谁也没听过这地方，还真不知道坐什么公交车能到。这时，在调度室同时下班的驾驶员阿卫赶忙和唐学新说："唐哥，我开私家车送你去吧。"唐学新听了直摆手，"那怎么能行！"他也不知道这路好不好开，实在不好意思麻烦阿卫。

"有什么不行的呀，唐哥你平时那么关照我们，这个时候千万别跟我客气！正好我也过去，万一有要帮忙的，我还能搭把手。"

其他几名驾驶员听了，都纷纷来劝唐学新，另一位驾驶员小方接着说："唐哥，要不咱们一块儿去吧。""就是呀，咱们一块儿去吧！"大家七嘴八舌的，唐学新一想，是啊，去了也是服务乘客，人多不是更好吗，毕竟多一个人多一份力！这样想着，他就答应下来。

休息那天，唐学新和车组里的几位同事，拎着几袋粽子和水果，开着阿卫的私家车，浩浩荡荡地往老李家去了。这一路七拐八绕，又是导航又是找人问路，终于找到了老李的新家。

老李此时呢，正坐在沙发上喝茶看电视呢。听到门铃声，他还好奇地想：这大白天的，是谁来找我呢？

等他一开门，就看见唐学新和车队里其他驾驶员，手里提着粽子，站在门口笑着看他。倒是唐学新先开了口："老朋友，我带着我车队的兄弟来看你啦，端午节快乐！"

听到这话，老李激动得不知道说什么好，他赶忙让大家进门，给他们倒茶水。唐学新让他不用这么忙，就坐下来说说话就行，老李就使劲握着驾驶员们的手，久久不愿松开。老李鼻头发酸，但还是睁着眼望着驾驶员们，他一直说："挺好的，我现在挺好的。"

大家聊起天来，屋子里顿时热闹不少，老李还打趣道："你们这一来呀，我感觉我的病都好了。"

等在夜班的小零食

在唐学新所有的乘客朋友中，有一位忘年交，就是孔阿姨。

孔阿姨已经八十多岁了，她的家就在405路终点站附近。唐学新和孔阿姨的相识也是因为乘车。那天，孔阿姨去菜市场买完菜，打算坐405路公交车回家。上车的时候，因为装菜的小车子有点儿重，她一个人拉着十分费力，唐学新看到后，主动帮助孔阿姨把小车拉上来，在孔阿姨上车后，还叮嘱孔阿姨说："您东西拿得多，在车上慢点儿走。"这对唐学新来说不过是举手之劳。他看着孔阿姨坐稳，然后发动了车子。

唐学新的一句话，却让孔阿姨记在了心里。孔阿姨深知人老后腿脚不便在生活中面临难题重重，像唐学新这样热心又细心的司机师傅，实在是让她非常暖心。在知道了唐学新是405线路的驾驶员后，每次一到他上夜班，孔阿姨都会带着小狗，手里拿些小零食，在终点站等他。

有一次，唐学新开车到晚上9点多，整个车里都没几名乘客。快到终点站时，他远远地看到一个身影，那身影看着小小一团，等他开过去，不禁惊讶地睁大了眼睛：终点站的身影，竟然是孔阿姨！

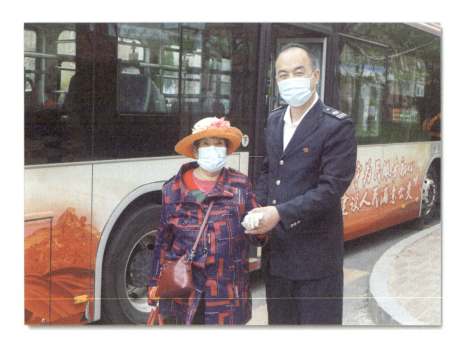

⊙ 2022年，唐学新跟孔阿姨的合照

孔阿姨左手牵着小狗，右手提着一个塑料袋，看到405路车驶入站点，她眯起眼睛，本就弯着的腰背更低了些，看清驾驶室里的唐学新后，她冲着唐学新摆摆手，笑了笑。

等所有乘客都下了车，唐学新忙将孔阿姨扶到车上坐好。原来，孔阿姨已经在站点等了唐学新将近两个小时。孔阿姨还将那一塑料袋的零食递给唐学新，唐学新打开一看，有饼干、肉脯，还有坚果，都是家里常备的寻常小零食。

用孔阿姨的话说，也不知怎么，看到唐学新就像看到自家人。唐学新也觉得，孔阿姨像自己的亲姨一样，一直温暖着他。

孔阿姨的耳朵有些背，和她说话的时候，唐学新会感觉到费力，但他还是很乐意跟孔阿姨聊天，一看见孔阿姨对自己笑，唐学新心里就暖融融一片。

有一次，孔阿姨在终点站坐405路车出行。上车后，她发现司机是唐学新，然后就站在唐学新旁边，大声说了句："真想你啊！"跟着她一起上来的一位女乘客，看了看唐学新又看看孔阿姨，也跟着说了句："哎呀，司机，你人缘真好。"女乘客的话引得一整车的乘客都笑了起来，唐学新自己呢，也摸着头，不好意思地笑了。

拾到一个大钱包

唐学新有一个习惯，就是每班发车到终点站后，他都会到车厢内巡视一圈，看有没有乘客落下自己的东西，多年来，这个习惯一直没有变过。

这天，唐学新将车停到终点站后，照例在车上巡视。像往常一样，他从驾驶室出来，从车头开始，一个座位挨着一个座位排查到最后。看到倒数第二排的时候，他扶着座椅把手直起腰，想稍微缓一缓。这一抬头，他看见最后一排靠左下角的座位下面有一个东西。

他不敢耽搁，赶忙走过去，俯下身一看，原来是一个钱包。

唐学新把钱包拿起来，感觉它沉甸甸的，很有厚度。打开钱包一看，哇，里面不仅有身份证、银行卡，还有一沓现金。唐学新粗略一数，大概有两千块钱的样子。

这么多现金，还有重要证件，失主一定会很着急，唐学新急忙锁好车，拿着钱包来到了调度室。跟调度员说明情况后，调度员马上跟唐学新一起重新查看钱包，看看能不能找到失主的联系方式。就在他们寻找时，一个小伙子面露急色地敲门进来了。

刚一进门，这个小伙子就说："你好，我的钱包好像落在刚刚坐的40……诶，你们拿着的这个，这个就是我的钱包！"

小伙子的神色不像说谎，但唐学新和调度员还是跟这位失主核对了重要信息。看着小伙子流利地背出身份证号，又说出钱包里的现金数额后，调度员和唐学新觉得，眼前这个小伙子就是钱包的主人。

按照集团的条例，如果驾驶员拾到乘客的东西，都要交到库内，由专人统一保管，公司会发布相关的信息声明，然后失主自己到库内，拿着有效证件才能领取。调度员说明情况后，小伙子却急了起来，他希望现在就能把自己的钱包拿走。

"其实今天是我生日，我正打算跟几个朋友出去吃饭，大家'热闹'一下。"现在眼看着时间快到了，可是调度室到库内至少也要有一个小时的车程。要是送到库内再让人家去取，聚餐肯定来不及，今天这生日也不能过好了。

唐学新看着小伙子低落下去的情绪，想了想跟调度员说："要不我们请示一下领导，问问这个情况能不能特殊处理。"毕竟规矩是死的，人却是活的。

调度员想了一下，给集团领导打了个电话。简要说明情况后，领导问："你们能确定这位乘客就是钱包的失主吗？"

"能，我能保证。"唐学新的话语掷地有声。

"可以，你们确认无误，留一下个人信息就把东西还给失主吧，咱们也不是不通情达理的地方。"

听到领导同意，唐学新跟小伙子都松了口气。他和调度员再次向乘客确认了身份证号码和名字，都没有问题后，在唐学新和调度员的见证下，小伙子在材料上签了字，拿回了自己的钱包。

本来到这里，这件事就算圆满结束了，唐学新也准备回到车上继续工作。没想到小伙子突然抱了他一下，还邀请唐学新下班后去他的生日会，跟着一块儿热闹热闹。小伙子说，今天能遇到唐学新，是老天给他最好的生日礼物。

虽然最后唐学新并没有去"热闹一下"，但他也给小伙子送上了真挚的祝福。在那以后，唐学新又通过这个小伙子结交了很多朋友，他跟小伙子的聊天对话框，一直没有冷清过。

通讯录里的小惊喜

公交驾驶员这个岗位每天都在跟人打交道，可能很多人会觉得，司机和乘客的关系是萍水相逢，但唐学新不这么认为。从业这么多年，他一直觉得，很多事都是事在人为，如果真心为乘客服务，也会得到乘客真心的感谢和支持，有的时候，彼此还能成为好朋友。

这天，休息在家的唐学新闲来无事，就打开手机，开始翻自己的通讯录。不翻不知道，这一看，唐学新惊奇地发现，他归到朋友一栏的，几乎都是乘客，有很多还是他在车上帮了对方力所能及的小忙，就与他们结识并成为朋友，有的朋友甚至已经有二十多个年头了。

杨哥就是唐学新认识二十多年的一位好朋友。他第一次坐唐学新的车时，碰巧身体很不舒服。在了解到这个情况后，唐学新迅速联系了集团，将其他乘客安全地送到后面的车上后，唐学新马上驱车把他送到了附近的医院。

到了医院，唐学新没有立刻离开，而是帮他挂号、陪他就医，看到医生为他诊断后，又联系了杨哥的家人，并且在医院一直陪他直到身体调整好。

用唐学新的话说，现在他们俩相处得像兄弟。杨哥也说："交了唐学新这样一个朋友，值了！"

唐学新和另一位乘客孙姐的相识也有近二十个年头了。孙姐也是唐学新405路车上的常客，唐学新经常在她上台阶的时候给她搭把手、帮她提个包什么的。一次，孙姐拎了挺大一个口袋上了车，结果上车后，孙姐的口袋漏了，袋子里的东西滚了一地。唐学新看了一眼，都是新鲜的蔬菜，上面还有泥。唐学新正在开车，眼下这状况容不得他分心。直到到站停车他才急忙在车上找了个大口袋递给孙姐，车上的其他乘客也帮着孙姐装蔬菜。

装好这一地的蔬菜后，在下车前孙姐直接把袋子递给了唐学新。

唐学新看着这一袋子新鲜的蔬菜，直接愣住了。

孙姐看着不知所措的唐学新，笑着对他说，自己家里有几块菜地，这些都是自己在地里种的，"都是自家东西，不贵，但绝对是绿色食品，你别嫌，收着吧。"

唐学新怎么会嫌弃，他感激还来不及呢。

到现在，每年秋菜一长成，孙姐和丈夫就让唐学新去地里采摘，他们还拍了视频给唐学新看。手机里孙姐传过来的画面，像极了唐学新小时候家里的院子，想起跟姥爷舅舅下地摘菜的情景，唐学新心里满是久远又温馨的回忆。

孙姐还说让他闲下来也来种种地。唐学新风趣地回道："姐，你说我现在，除非学悟空变个分身出来，才能捯饬明白这块地吧。"

话虽这么说，可唐学新还真的想过，等退休以后，要不要也找块地，种点花花草草、蔬菜瓜果。

创意贴纸促学习

405路公交车行驶线路横穿甘井子区、沙河口区、西岗区、中山区四大市区，可以说是整个大连市少有的长线路公交车。这么长的公交线路，一定少不了经过一个地方——学校。

是的，405路沿线小学多、幼儿园多，经常有各个年龄段的孩子坐公交车上下学。看他们背着五颜六色的书包等在车站，唐学新别提多高兴了。通过细心观察，他发现有的孩子嫌车厢里闷，所以很害怕坐公交车，看着大人抱着哭成小花脸的孩子上车，唐学新心里很不是滋味。他琢磨了半天，想到了一个办法。

这天，小棉花（小名）像往常一样，牵着奶奶的手，等在"八区幼儿园"车站。远远地，她看见那令她胆怯的庞然大物，伴着巨大的声音和滚滚的烟尘停在自己面前。她小嘴一撇，又害怕地想哭。但是奶奶已经拉着她的手上了车，抱着她坐到了座位上。而她的注意力，早就转移到车厢侧壁一个小东西身上。

那是一只蓝色的塑料小蝴蝶，它静悄悄地落在座椅旁边的侧壁上，纤长的触角微微下垂，正冲着小棉花的脸，那对翅膀更是晶莹剔透，小棉花能看见上面细小的纹理。有微风吹过，翅膀竟然还微微颤动，好像随时要飞走一样。小棉花完全被眼前的一幕吸引了，她不禁倾身去看，此时阳光透过车窗洒下，玻璃塑料纸在阳光中，折射出彩虹一样绚烂的颜色，小棉花惊喜不已，她赶忙拍着奶奶的手，说："奶奶你看呀，这里有一只蓝色的蝴蝶！"

车上的其他乘客听到这脆脆的声音，也好奇地打量起车厢，这才发现，整个车厢内壁，贴了好多五颜六色的塑料小蝴蝶。乘客们看到小蝴蝶，心情也顿时好了不少，小孩子们更是开心得直拍手，原先车厢里止不住的哭闹声，今天都消失了。

坐在驾驶室的唐学新悄悄弯了弯嘴角。

原来，唐学新看到小朋友们害怕坐车，在车上哭闹的现象后，就把各种颜色、各种姿态的塑料小蝴蝶，粘贴在车厢里不影响乘客抓握的各个角落。这样，小朋友的兴趣自然而然地就转移到这些色彩斑斓的小蝴蝶身上，好奇大于恐惧，哭闹的现象就有所好转。

除了漂亮生动的小蝴蝶，唐学新还把小动物的图片也粘贴在了车内，并且在图片下方备注动物的英文名称，这引起了小朋友的极大兴趣，也让一起坐车的家长连连夸奖。有时候，唐学新还会把小蝴蝶送给小朋友们。

⊙ 唐学新粘在车里的小蝴蝶和小动物贴纸

在公开大会上，集团对唐学新的创意很是赞赏，还鼓励其他人发挥想象力和创造力，让车厢里多些"爱的瞬间"。

大会结束后，车队的兄弟都来找唐学新请教，问他是怎么想到这个点子的。

看着大家伙渴望的眼神，唐学新耿直地说，就那么想的呗。说完他自己也不好意思地乐了。

在他看来，自己做的都是大家平时看得见、摸得着的事情，而且是每个人都可以做到的小事，他只是把事情想在前面、做在前面，干出了一种精气神，仅此而已。

快乐乘车每一天

曾受唐学新帮助的王大哥和李大姐，家里有一个五岁的小孙子。在听说爷爷的身体好转后，小孙子就住在爷爷奶奶家。李大姐把记者写的那篇采访唐学新的报道留存下来，放进相框挂在自己家里最显眼的位置。她时不时就把这件事讲给小孙子听，小孙子也听得津津有味，还会用小手摩挲相框。

一天，李大姐看见小孙子手里拿着一面镜子，还对着镜子动来动去的，她一时好奇，就问小孙子在干什么。

"我在练习微笑啊！"小孙子认真地举着手里的镜子，"我在练习唐爷爷的微笑，等我长大了，也要用这样的微笑，去帮助需要帮助的人！"

小孙子上幼儿园的时候有过这样一项作业：画一幅画，送给你最想送的人。

周围的小朋友都开始行动，只有小孙子还没动笔。

突然，他灵光一现，想到了一个人。

小孙子凭着自己的记忆，将奶奶口中说了一遍又一遍的那辆405路公交车画了出来！

放学后，他把这幅画拿给爷爷奶奶看，爷爷奶奶听了小孙子的想法，也是非常感动。隔天，这一家三口就拿着这幅画来到了车场。

这边，唐学新刚把车停好，一米八几的他正迈着长腿往休息室走，就听见一声脆脆的童音："唐爷爷！"

他定睛一看，正是王大哥、李大姐和他们的小孙子。看见老朋友，唐学新十分开心。他走过去问了问王大哥的近况，得到"恢复得很好"的回答后，唐学新放心地笑了笑。

在大人说话的时候，小孙子已经拿着他的画，又有点儿害羞似的站在李大姐身旁，一只手拽着奶奶的衣角，另一只手垂在身侧，手里紧紧地攥着那幅画。男孩的小眼睛滴溜溜地转，看天看地就是不看唐学新。

李大姐看了一眼小孙子，轻轻地推了推小孙子的后背，柔声说："去呀，给你唐爷爷看看你画的画。"

小孙子轻轻地眨了眨眼睛，他握了握小拳头，从李大姐背后走到唐学新面前。

"唐爷爷，这是……这是我给你画的画。"

"真好，谢谢你！"唐学新摸了摸他的头，接过画细细端详起来。

画纸上是一辆公交车。不像他平时看的图纸，有笔直的线条和精确的数字，小孩子刚学握笔没多久，线条画得歪歪扭扭，还是彩色的，公交车头顶写了405三个数字，还有他的车号。

"是幼儿园的老师说，要画给最想送的人。我……我想送给您，唐爷爷。"王大哥家的小孙子攥着拳头说。

"我非常开心，这幅画我特别喜欢。"唐学新看着面前刚到他大腿高的小孩子，慈爱地摸了摸他的头。

旁边的王大哥跟着说："他还不会写字，就拜托幼儿园的老师在旁边写了字。他一下课就跟我说给你画了画，还要带来，亲手送给你。"

至今，唐学新家里还保留着那幅画，他依然能记起那个下午，刚上幼儿园的孩子画了一辆歪歪扭扭的车，还拜托老师在上面写字，唐学新两手拿着这幅稚拙的画，用拇指轻轻摩挲着那行字：快乐乘车每一天。

是啊，快乐乘车每一天，这不就是唐学新一直努力的理由吗？

⊙ 唐学新（左一）与曾给他画画的王家小孙子（右一）的合影

带小公交迷"实习"的一天

2021年春节前夕，天地寒极、岁至终章，所有人都在万家灯火中辞旧盼新春，唐学新在这数九寒天里，跟一位特殊的"大朋友"见了面。

事情要从一周前说起。刚交车的唐学新在站点遇到一位女乘客，女乘客跟唐学新说，有件事想请唐学新帮忙。原来，女乘客的儿子品品是个小公交迷，刚上小学二年级的他天天想着，要是有机会能坐一整天的公交车就好了。

"我看到公交站广告栏里的图片，师傅您的照片就在上面，想问问您能不能让我们家品品在您车上待一整天？"

女乘客的言辞很是诚恳，她还说，让品品坐唐学新的车她很放心。唐学新听了之后也很开心，有人喜欢公交也是一件好事呀！于是他就答应了女乘客。

第二天，品品妈妈就把品品送到了唐学新家楼下，让品品跟着唐学新一起去上班。冬天的早上，太阳还没出来，天气冷得要命。还在家里，唐学新就听见窗外呼啸的风声，出门的时候还不到4点，窗外黑漆漆一片，唐学新走在路上没一会儿，就觉得寒意自脚底向全身蔓延。告别了女乘客，唐学新就拉着品品的小手，两个人深一脚浅一脚走在雪地里。看着品品通红的鼻头，唐学新

⊙ 唐学新与小公交迷

把他往自己身边拉了拉，替他挡住一侧的寒风。唐学新问品品困不困，小家伙直摇头，说："不困的，唐叔叔，我昨晚可早就睡啦！"

一路上，品品抓着唐学新的大手，问了好多问题，"开公交车是不是很帅啊？""驾驶室里都有什么？""叔叔每天看到的风景是什么样的呢？""驾驶员的座位坐起来威风吗？""叔叔您说将来的车会不会飞呀？"等等，唐学新也笑着一一作答"我觉得挺帅气的，很拉风啊！""驾驶室里有仪表盘、刹车、方向盘……好多仪器呢！""我每天看到的风景，就是乘客和大连的街区道路啊！""驾驶座威不威风我不知道，但坐着挺舒服的，我还想过把家里的椅子换成一样的嘞。"最后一个问题，唐学新冲品品眨眨眼，"将来的事，要你长大了自己去看呀。"

就这样，一个中年人拉着一个小朋友，谈笑着就走到了公交集团。唐学新到车库提了车，然后把品品带到车上，他细心地叮嘱品品不要乱跑，尤其车辆在行驶途中，即使车内很空旷也不行。他还告诉品品什么东西是危险的，让品品无论如何也不能乱碰，品品认真地听唐学新说完，然后点了点头。

距发车还有一段时间，唐学新问品品："想不想看看驾驶室？"

"想，当然想！"品品答得飞快。于是，唐学新把公交车熄了火，在严格遵守安全原则的前提下，领着品品走到驾驶室，告诉他哪个是离合哪个是油门，品品按捺不住好奇心，用食指轻轻碰了一下方向盘。

"哇，好软啊。"品品惊奇地感叹。

　　漆黑的方向盘本来是冷硬的，尤其冬天，方向盘更是凉到发钝。听到品品这样形容方向盘，唐学新觉得很新奇。他没忍住，也伸手摸了摸品品刚刚碰过的地方，往常那又硬又磨手的方向盘，今天不知道怎么回事，居然真叫唐学新品出一丝柔软来。

　　直到唐学新下班，品品依旧好奇又兴奋，他有太多的问题要问面前这位温柔可靠的驾驶员叔叔了，可惜一天的时间真的太短。到了告别的时候，品品还依依不舍，妈妈拉着他的手跟唐学新道别，品品还一步三回头地看向唐学新。

　　夕阳的余晖落在这对母子的身上，他们的影子被拉得很长很长，仿佛一根线，把唐学新拉回到他还是乘务员时，第一次坐进驾驶室的那天。不一样的是，当时是夏天正午，太阳炽热又刺眼，而今，冬日傍晚的落日，只留给这座港口城市一片暗金色的光。

　　品品说，等到暑假了，他还要来。

> 那是一个小小的座位
> 不同于车厢上其他的位置
> 这里有发动机、变速杆和方向盘
> 四方形的驾驶室不过一平方米
> 可他每天就在这一方小天地
> 接受无数人的目光

　　"这是我穷极一生都要为之奉献的地方。"唐学新如是说。

第五章　当选劳模

那少年还保有初心，热烈而纯粹，从来没有变过。

历年岁不失初心

寒来暑往，春去秋来，经过几年的历练，唐学新已经从一个初入车场的"公交新手"，变成了车场里的"老大哥"。

这天，下了工的唐学新把车开回公交停放站。将车倒入规定车位后，他拉好手刹，关掉发动机，然后静静地靠在座椅上休息。驾驶员上车，一开就是一上午，交班后唐学新经常腰疼得不行，总要在驾驶座上稍微坐一坐，才能起身。他并不着急回家，而是像往常一样，来到休息室跟大家聊聊天。

一进门，他就听见一名驾驶员说："唉，没办法，咱们这个工作性质，还是保重身体最重要啊。"

听了这话，唐学新顾不得别的，站在门口就问："你们在聊什么呀？"

"嗐，是小王的事儿。"值班站的大姐先把话头接了过来。

原来，唐学新的同事小王前段时间觉得身体不舒服，可他怕耽误工作，于是一直忍着，结果前两天腰疼得实在坚持不住，请了假去医院，谁知道这一检查，发现病情十分严重。现在已经住院了。

"他一直觉得这不是什么大病，去医院还要花钱，结果一拖再拖，现在住院了，看着怪可怜的。"值班大姐说。

坐在唐学新旁边的那位驾驶员皱着眉头说："是啊，干咱们这行的，身上谁能没个毛病，我一到冬天，膝盖、脚脖子都疼得不行，阴雨天更是不敢乱动，要是轮休，我就在家里床上趴着。"

唐学新也跟着说："可不是，我那个膝盖，稍微弯一下都能听到嘎嘣嘎嘣的声音。"值班室里顿时一阵唏嘘。

之后，大家又聊了会儿别的。临走前，唐学新跟值班大姐要了小王的住院地址，他觉得，都是同事，自己应该去探望他一下。

轮到唐学新休息这天，他提着一包水果来到医院探望小王。

小王看见唐学新很是开心，看他着急要起身，唐学新急忙把水果放在一旁的桌子上，然后拉着他的手把他按回床上。唐学新跟他说，自己就是来看看他，让小王千万不要客气。

小王一看见集团里的老大哥，瞬间什么情绪都压不住了，他跟唐学新说："唐哥呀，我现在真是愁得不行，你看我这年纪，别人家大小伙子都出去工作养家了，我还要待在医院让家里养着。有的时候我就想，这医院啊，我不住算了。"

这怎么能行呢！唐学新一听就着急起来。他赶忙握住小王的手，跟他说："这些事情你先别管，把身体养好就行，别的都先不要想。"

唐学新想帮帮小王。

回到家之后，唐学新把这件事跟妻子说了，妻子看着他，问："那你想怎么办？"

"我想给他捐点儿钱。"唐学新知道，小王之所以这么愁，肯定是家里的经济状况吃紧，自己别的本事没有，但至少能维持基本生活啊，小王这个情况，明显更需要帮助，所以他想着能帮一点儿是一点儿。

妻子很是通情达理，她对唐学新说："年纪轻轻就住院，听着让人怪心疼，你要是想帮，你就去做吧。"

妻子的支持让唐学新很是感动。隔天，他找到了集团的领导，把这件事汇报上去，然后提议组织一个捐款活动，帮助车场里确实需要帮助的人。领导最终同意了这个提议，唐学新也在这次活动中第一个给小王捐了钱。大家伙也觉得这个活动很好，于是车队就把这个不成文的活动一直坚持到现在。

几年下来，在唐学新的倡议下，车队的职工先后为患上重病的五位同事和家属捐助四万多元。每一次都是车队的队长和唐学新，还有几位司机师傅，一起去医院探望受助的同事。唐学新知道，这些捐款对他们可能只是杯水车薪，但他就是要把405路全体驾驶员的爱心传递给身边人。

这么多年了，无论是那个看车场什么都好奇的青年唐学新，还是现在别人口中的唐哥，那个立志要关心他人、热爱集体、觉得好事不分大小、能帮一点儿就帮一点儿的少年郎，一直都没有变。

⊙ 唐学新用休息时间清洗车队车辆

信息播报我在行

这一天，唐学新跟往常一样，早起到岗，上车检查仪器，撸起袖子对"老伙计"进行一番"梳妆打扮"，然后发车。前段时间，因为道路施工，405路公交车改变了原来的行驶路线，原本要经过五一广场的公交线路，现在绕开兴工街沿线，直接从人民广场开往中山广场。路线一改，势必会给市民的出行带来不便。唐学新看着通知公告，眉头微皱，陷入了深深的思考。

为了应对临时改道，唐学新自己跟车队要了一张新的路线表，在家里将新路线牢牢记住，他还用手机软件查询变更的道路，亲自走了一遍新路线，将沿途重要地点标注在地图上，这样，如果有乘客询问站点或换乘，唐学新可以及时为他们解答。

有一对老夫妻，要从泡崖坐车到兴工街办事，由于路线变动，他们并不知道公交改道的具体事宜。刚一上车，他们就询问唐学新："师傅，这车是不是到兴工街呀？"

唐学新耐心地回答："本来是有这一站的，但是现在因为临时修路，所以我们不经过那站了。"

"不走了，那怎么办呀？"这对老夫妻手足无措地站在驾驶室旁，显然不知道该怎么办才好。

"啊，你们就在前一站，就是沙河口火车站下车，然后换乘电车，也能到兴工街。"唐学新告诉两位老人。

虽然告诉了乘客，但二人可能是第一次遇到这种情况，所以坐在离驾驶室最近的两个座位上，每到一站，他们都要问一下唐学新如何换乘。唐学新非常理解，于是不厌其烦地一遍又一遍地告诉他们，可是两位乘客实在是问了太多遍了，直说得周围许多乘客都善意地笑了起来。最后唐学新也笑了，他说："大娘，您放心吧，到站了我一定提醒您下车，然后再具体告诉您怎么换车。"

大娘也觉得不好意思，她笑着说："哎，人老了，记性不好，就多问几遍。要不是看着这车是个党员车，我们都不敢这么问呀。"

乘客无意间说的一句话，却给了唐学新很大的触动。他觉得，老大娘这随口一句真的是对党、对他的信任了。唐学新一直没有忘记儿时从电视上听来的那句"我是党的人了"，他一直在思想上要求进步，进车队后带他的党员师傅和党员包车组的工作环境对他影响很大，潜移默化地将他培养成一心向党、服务人民的优秀党员同志，他也更严格地要求自己，坚持无私奋斗不怕苦、一心为民赤子心，为乘客提供热情服务在他看来更是身为党员的责任。乘客对他党员这一身份的肯定让他很是激动，于是唐学新把这件事写成一篇文章，题目叫《信任》。

恰巧，公交集团举办征文比赛，唐学新就抱着试一试的心态把这篇文章投了过去。没想到，居然还得了单位一等奖！

领导看了唐学新的文章，很是欣赏。他找到唐学新，跟他说："公司现在正好缺一名信息员，就是平时播报一些车队的好人好事，这个工作可能需要对收集上来的信息进行一个简单的文字编辑，然后再在广播站播报。你的文章我看了，写得很好，要不要考虑下这个工作？"

唐学新听了之后，认真地思考了一下。他觉得自己普通话可能不是那么标准，但要写点儿东西应该还是可以的，于是他就应下了这份差事。

从那时起，唐学新除了公交班上的任务外，还多了一份额外的"兼职"，他把大家在工作中拾金不昧、助人为乐的好人好事，及时地收集上来，然后以文字的形式记录，再通过广播宣传出去。几年下来，先后有二十多名驾驶员和调度员在工作上的优秀事迹，经过唐学新的整理写作，报道在集团简报上。一些新闻媒体了解到他们的事迹后，还专门采访他们，有的形成了新闻稿发表在纸媒和网络上。

唐学新的信息播报，讲究准确度和真实性，他的描述贴近驾驶员的工作环境，因此大家看集团简报就觉得十分亲切，同事之间也经常传阅、讨论这些刊登在简报上的模范人物和先进事迹。对好人好事进行播报宣传这种方式，极大地鼓舞和激励了集团驾驶员们的积极性，大家纷纷表示，要向优秀的代表学习，争做服务能手。

于平凡中见伟大

大连市曾于2016年举办过一个"劳模风采体验行——百名小记者采访百名劳模"的活动，活动中，一百名小学生作为"一日小记者"来到劳模们的工作岗位，了解他们的工作内容，学习岗位知识，还可以跟劳模们进行面对面交流。

唐学新就是受邀参与活动的劳动模范之一。

采访现场有很多小记者，他们穿着海蓝色的校服，戴着黄色的小帽子，远远地看过去，像是雨后山间冒出的一朵朵小蘑菇。唐学新忽然想，自己在他们这个年纪的时候，在做什么呢？

哦，是在看大院里火红的石榴花，是在抗大的瓦房里学拼音和九九乘法表。唐学新笑着摇了摇头，把跑远的思路拉回来，然后走到孩子们中间。

在跟小学生们互动的时候，有的小记者问他："唐叔叔，您觉得工作辛苦吗？"

辛苦吗？唐学新也曾经问过自己，而他给自己的答案都是否定的。

"我并不觉得辛苦。相反，我的工作其实很有趣。"唐学新其实很了解他的工作性质，作为一名公交驾驶员，他是这座城市醒得最早的几类人之一，也是下班最晚的几类人之一。生活在城市里的每一个人，忙着生活也享受生活，而这些都离不开公共交通，唐学新的工作，就是服务大家更好地生活。他知道，驾驶需要一万分的小心，但心不可以承受一万分的压力。对他而言，他跟无数个在城市中穿梭的人一样，只是在做平凡而普通的工作。

"服务别人让我感到快乐，而且我经常遇到温暖的事，所以我会更加开心。"

小记者听到这个回答觉得很神奇："可是唐叔叔，不是您在温暖别人吗？"

"我是在服务他人，我的服务给他人带来便利，我是开心的；乘客们会对我说谢谢，会跟我交朋友，还给我写感谢信，这些也会让我感到温暖呀！双向的温暖不也是一件开心的事情吗？"所以，唐学新一直坚守着他的初心，在这条公交线路上谱写他的征程。

日复一日，唐学新身体力行地告诉我们，在平凡的岗位上亦可窥见伟大。

唐学新还问小记者们，长大了想做什么。

有的小孩子说"长大了要当军人"，有的孩子说"想当医生"，还有的要当交通警察、航天员、科学家、教师……只有一个小男孩儿，他走到唐学新身旁，凑在他耳边，小声地说："叔叔，我将来也想当一名公交驾驶员，我觉得您超级帅的！"

唐学新看着这些烂漫的小孩子，他们是那么的有活力，脸上洋溢着最纯粹的笑容。他爱怜地摸了摸小男孩儿的头，然后说：

⊙ 唐学新在为街道义务清雪

"你们现在的首要任务，就是要好好学习，今后无论从事什么工作，只要有知识、有爱心，无论在哪里，都会是个出色的人！"

一年又一年，前浪涌后浪逐，一代又一代的中华儿女生于斯长于斯，他们见证着这片土地变得越来越好，也为了祖国更好的明天努力着、奋斗着、拼搏着，在中华沃土上生生不息。

唐学新还让孩子们注意体育锻炼，"好身体是革命的本钱，有了好身体，才能更好地实现梦想！"

小记者们也纷纷立志，要好好学习、发愤图强，长大后一定要奉献社会，做一个有用的人。

落日的余晖洒在唐学新和小记者们的脸上，大概上天也被这两代人的美好情谊感动了吧，不然怎么今天的夕阳格外地美，落得也格外地慢，好像谁都不忍心，先说出那一句"再见"。

服务意识心间挂

时间来到2018年，这一年，唐学新被选为大连市政协委员。

"政协委员"四个字放在身上，对唐学新只是更大的动力。任职期间，唐学新走街道、入社区，及时地将社情民意收集上来。身为公交车司机，他自己有多年的道路行驶经验；身为党员，他希望自己可以离群众"近一些"，拆掉"心墙"，架起"新桥"，要身在人民间，更要心系人民、情入人民。唐学新意

⊙ 2018年，唐学新当选大连市政协委员

识到自己的长处并灵活地运用，他收集了很多有关交通运营环境、道路堵塞修整等方面的问题，他将听到的各种声音进行归纳整合，并且提出了几条建设性意见，有一些建议还被相关部门采纳了。

在工作之余，唐学新还带着车队的同事们，拿上工具到405路沿线有颠簸的路段，大家合力把这些坑洼填平，让通行的车辆能平稳、安全地行驶。

唐学新驾驶的405路公交车，客源主要集中在甘井子区的泡崖子附近。在多年的工作中，唐学新注意到一个特殊的群体，那就是残障人士。原来，泡崖小区乘坐405路公交车的残障人士为数不少。唐学新在了解到这一情况后，就利用业余的时间，主动来到泡崖子沿线社区，收集小区内部分残障人士的信息和联系方式。然后，唐学新就主动到他们家中拜访，找他们聊聊天，尽可能帮忙解决他们生活上的问题。在交流的过程中，唐学新同他们建立起了真挚的友情。

家住泡崖八区的唐先生就是其中的一位。唐学新是在一个周日的下午去唐先生家中拜访他的，那天见面，唐学新看到了让他永生难忘的一幕。

唐先生在家门口迎接唐学新，开门后两人就往屋里走。从门口到卧室，对普通人来说可能就是几步路的事，然而就是这短短的距离，唐先生却连续摔倒了两次。身体跟地面碰撞的声音在唐学新耳边炸裂，唐学新赶过去扶，看着唐先生艰难地从地上爬起来，心里很不是滋味。看着唐学新这样的表情，唐先生反而笑着

⊙ 上图　唐学新在劳动模范座谈会上发言
⊙ 下图　唐学新在义务修路

安慰他，一直说自己没事。

"大哥，你能来，我实在是太激动了。"唐先生声音颤抖，眼神十分真挚。

两个人就坐在沙发上聊天。没想到聊着聊着，唐先生竟然哭了出来，原来，他患的是脑瘫，无数次夜深人静的时候，他都想过自杀。可是每每想到年迈的父母无人照料，想到好心人对他的关心和照顾，他又萌生了活下去的勇气，"是你们，是你们这些好心人，给了我生的希望啊！"

这次拜访给了唐学新极大的震撼，他在唐先生的身上看到了希望的重量，感受到璀璨如歌的生命力量。

大爱无言，人间可恋。从那次之后，唐学新更加关注唐先生，每到过年过节，他会领着自己的几个徒弟去看望他，两个人也成了无话不说的好朋友。

令人难忘的一天

2020年11月24日，农历十月初十，天气晴。

在唐学新家中，妻子正坐在客厅打视频电话，她一手握着手机，另一只手去够遥控器，正对面的电视机开着，声音调得很小。

镜头在不断地切换。

视频那边显然有点儿着急，唐学新的妻子语速也很快："我也不知道呀，给他发微信都没回，应该是不能看手机。"

"哦，那估计是在那里边开会呢。"

"是啊，妈，看时间应该快到了。"

"那电视能转播吗？咱们能看见吗？"

"有啊，人家是现场直播呢。"

跟妻子通话的是唐学新的父母，一家人正热火朝天地讨论着，好像今天有什么大事要发生。

同一时刻，唐学新身在人民大会堂，聆听习近平总书记的重要讲话。

这是唐学新终生难忘的一天，他永远记得，自己穿着一套藏蓝色的公交制服，怀着无比激动的心情，走进人民大会堂，参加全国劳动模范和先进工作者的表彰大会。

会场安静肃穆，红色的地毯从门口一路铺到会场，每个人的座位上都放着姓名牌，唐学新找到自己的座位，坐好，安静地等候会议开始。唐学新以前经常在书上看到一句话："这里安静极了，静到连一根针落在地上都能听见。"此刻，他终于体会到了这句话的意境。

秒针嘀嗒嘀嗒，终于对准了数字12，然后，他听到会场前方左侧有响动，接着，总书记就从侧面上台，走到讲台前。所有在场的劳模代表在看到总书记和其他国家领导人的瞬间，一起开始鼓掌。

掌声雷动，响彻四方。唐学新说，自己从来就没有听过这么

⊙ 上图 唐学新前往北京参加全国劳动模范和先进工作者表彰大会
⊙ 下图 大连公交客运集团有限公司领导欢迎劳模唐学新（右六）归来

热烈的掌声。

唐学新知道，"全国劳动模范"这个荣誉不是他一个人的，而是整个大连公交客运集团12 000多名干部和职工共同努力的结果。作为代表，他是带着全体大连公交人的嘱托，坐在现场学习党的精神，接受党的引领，这次学习更加坚定了他要延续劳模精神，更好地服务人民、奉献社会的想法。

让唐学新印象深刻的还有奏唱国歌的环节。小号声起，会场的所有人整齐地看向升旗台的位置，用洪亮的声音，唱出那首《义勇军进行曲》。

唐学新说，就算是什么歌都不会唱，这首歌他也绝不会忘词跑调。

会议开始前，唐学新的思绪就像飘在天上的云，这一切给他的感觉太不真实了，他甚至还让身边的劳模掐自己一下。直到会议结束，大家按要求起身向外走时，唐学新还是精神恍惚，明明是走在地板上，他却觉得自己像是踩在云里，他一遍遍问自己："这是真的吗？"

没有人能回答唐学新脑子里的问题，只有北京蓝色的天和耳边吹过的风，不断地提醒唐学新，是的，这一切都是真实的。

凤城一日修学旅

习近平总书记在全国劳动模范和先进工作者表彰大会上强调，要大力弘扬劳模精神、劳动精神和工匠精神。唐学新觉得，光是听还不够，要真的去看、去学、去实践，才能做会、做好、做精。于是，他就在2021年4月26日，前往凤城毛丰美学习教育基地，进行参观学习。

毛丰美学习教育基地，位于辽宁省丹东凤城市大梨树村，当地的党校教授罗政军同志亲切地接待了他们一行人。罗教授跟大伙说，三十年前的大梨树村破败不堪，可以说是穷得叮当响，整个山头都光秃秃的，就山脚下有几丛低矮的草房子。"就连村前那条小河的河水呀，都时有时无的，村子里都没什么人气。"

"但是今时不同往日啦，要不是我们村支书毛丰美，现在这好日子，我们是想都不敢想啊！"

怀着谦虚好学的心，唐学新他们乘车沿弯曲的山路，向大梨树村的最高峰"干"字文化广场进发。4月正是果树抽枝开花的时候，沿途那山坡上的果树一片连着一片，热热闹闹地开出漫山的花。来到文化广场，只见一座高9.9米的红色"干"字雕塑竖在广场中央。那雕塑笔直又坚挺，给唐学新带来很强的视觉冲击。

　　在毛丰美纪念馆深入学习后，唐学新深深地懂得，大梨树村之所以能做到旧貌换新颜，是因为人民的好干部毛丰美同志，带领大家真抓实干，做到为人民谋福利。

　　在纪念馆中，唐学新还学到这样一段话：坚定信念，心怀一个"党"字；践行宗旨，牢记一个"民"字；实干创业，突出一个"干"字；加强修养，把握一个"廉"字。是呀，实打实地做事，不正是劳模优秀的品质嘛！

　　唐学新在这次学习中感触颇深，他说，自己现在开着先进的公交车，尽管不用像之前那样吃苦，但苦干、实干的精神要永远传承下去。回到集团，唐学新把他这次学习经历分享给公司的其他驾驶员。他说，自己一定要不断学习，努力提高个人修养和素质，还要发挥好劳模的引领示范作用，让更多人加入劳动中来，让更多人体会到劳动的快乐，让更多人收获劳动带来的果实。

　　五岳向上、江河滚滚向东前行，祖国愈加繁荣昌盛，在唐学新看来是最美好的心愿。

考场之外的关爱

　　又是一年雨季，2021年的高考在霏霏细雨和烈日骄阳的交替中悄然而至。黑板上的倒计时数字一天天变小，对学子来说，这场大考就像千军万马挤独木桥。幸运的是，此路不孤，考场上莘莘学子的背后，有无数人为他们保驾护航。

唐学新自己经历过高考，还陪着孩子又经历了一次高考，对这场大考有很特殊的感情。临近高考前，他跟车队几位同事商量好，要去现场做志愿服务。但他们这次的服务对象，可不是考生。

6月7日，高考第一天，唐学新跟志愿者们来到大连市第77中学考场外。他们准备了三辆私家车，几箱矿泉水、几十只手提袋，若干张折叠小板凳和三十把雨伞。

这些物资，都是为考场外的家长准备的。

唐学新觉得，高考是一家人的博弈。考生们有家长和警察保驾护航，可是考场之外，家长比孩子还紧张，他们也需要人陪伴。"学生都进学校里考试去了，家长给他准备的一定都很齐全，但是他们进去之后，家长怎么办呢？"

的确，为了保证考试环境安静，考场周围封路，交警协助管理；为了让孩子好好休息，有的家长在考场附近订好酒店。学生进了考场，家长就在考场外等候，孩子们在里面考多长时间，家长就在外面跟着紧张多长时间。高考这个时间段，多半还会赶上雨季，孩子们在屋里，风吹不到雨淋不到，可家长不行。

于是，他就跟车队的其他志愿者，带着雨伞和矿泉水，来到了考场外，做家长们的专属志愿者。这一年正赶上考试第一天就下雨，很多家长都没有带伞，唐学新的举动在家长中间特别受欢迎。他自己也说，很多人都想着考场里奋战的孩子，可考场之外，也有需要关心的人在。

唐学新的女儿也经历过高考，他很理解等在考场外的家长们的心情。为了缓解家长们的紧张情绪，唐学新主动跟他们聊天，他耐心地聆听这些家长们分享自己孩子的学习历程，还给家长们加油打气，祝福所有考生金榜题名。

唐学新说，做义工可能没有多少时间，但只要尽力去做，用心去做，集小善亦可成大善。

做城市文明的传播者

唐学新现在开的公交车，前风挡玻璃上挂着醒目的"全国劳动模范唐学新车组"字样，这一排大红字吸引了众多乘客的目光。

这是公交集团党委在一线党员和劳模中开展的"挂牌亮身份"活动，集团把几个人分成一个车组，然后将优秀车组的荣誉标识亮给群众看，让群众做监督者和受益者。这样做，一方面可以让这些优秀车组起模范带头作用，另一方面也是对他们自身的鞭策和监督。

要是换成别人，这么大的标识一挂，肯定觉得自己压力不

⊙ 唐学新（右二）作为志愿服务队中的一员助力高考

⊙ 2022年,"挂牌亮身份"活动中,唐学新和挂牌车合影

小,可唐学新不这么认为,他把这几个字当成他努力的动力。他说:"我服务乘客,金奖银奖不如乘客的夸奖,金杯银杯不如乘客的口碑。"既然是为了乘客,那这些称号又怎么会成为压力呢?它们只会让唐学新看清自己的身份,更好地为乘客服务,为城市发展贡献自己的一份力量。

在获评劳模后,集团还成立了一个"唐学新劳模工作室",工作室除了唐学新之外还有几名驾驶员,他们凑成一个小分队,学习习近平总书记重要讲话精神和规章制度,互相促进共同进步,做到技能素质一齐发展。

工作室成立后,唐学新找公司管理层商量,他说,"既然咱们这个劳模工作室是为了让大家更好地服务大众、提升自我,就不能一天天地老待在办公室开会。理论学习是有必要的,但不能是全部内容。"他的意思,是想把工作室和志愿服务队结合起来,让大家从集团里走出去,走入社区、走入校园、走向社会需要他们的各个角落。唐学新的提议很快被采纳了,于是就有了上文高考助力的志愿活动。

"人便于行,货畅其流;服务群众,奉献社会",这是405路公交车线路上的一个站牌的公益标语,也是唐学新特别喜欢的一句话。他经常在散步时看着这些公交站牌上的标语,他觉得,自己要做好城市文明的宣传使者,让他车上的每一位乘客都感受到家一般的温暖。

曾经有人问唐学新今后有什么打算。五十七岁的唐学新低着头，认真地思考了良久，然后回答说："只要我还能干得动，我就要在驾驶员的岗位上一直干下去。"

入行三十余载，一片丹心诚不改
质朴的少年没有困在乌托邦里
他有明朗的心性
和努力奋斗的远方
那双握紧方向盘的手啊
左边有安全和规范
右边是服务、帮助的每一个人
彼时那少年站在路的尽头回望
好多人、事都模糊不清
但山河长存，中华昌盛
劳模精神永垂不朽

第六章　小家大家

山高水长，岁月无恙，唯有希望与爱永不消散。

新绰号："大姐"

近几年，一个绰号悄悄安在唐学新的头上，那就是——"大姐"。听了这绰号，别说其他人，就是唐学新自己也是哭笑不得。他一米八三的个头，体重近一百八十斤，平时为了工作方便还经常理个寸头，"大姐"这个名头怎么想也不该轮到他呀。

唐学新想不明白是他的事，车队里的其他人可不管这些。上至调度阿姨，下到"萌新"驾驶员，大家都开始叫他"大姐"。

这绰号在车队里越传越开，唐学新终于坐不住了。他跑去问调度室值班的阿姨，怎么就给自己起了这么个绰号呀？

调度室的张姨笑着回他："你自己看看你成天干的那些事，就知道啦。"

唐学新摸着自己的板寸头，开始回忆。嗯，上早班的话，大概下午一点就下班，只要自己没什么事要办，一般都会在调度室待到下午四五点钟，然后回家。

在调度室这几个小时具体干什么，唐学新自己也说不出个所以然，因为大多是些琐碎的小事。自己要不就是跟其他驾驶员聊天，要不就是帮调度室干活儿：洗手间缺块肥皂啦，没有手纸啦，他知道以后就自掏腰包买回来；屋里灯管、水管、下水管坏

⊙ 2021年2月11日，唐学新在调度室给单位同事过生日（左四）

了，他就找人报修。车队里谁工作上有什么难题，就先找唐学新问问；生活上有什么不如意的事情，就想找唐学新唠唠；到最后，就是平日里那些家长里短，大家也愿意跟唐学新分享。"问大姐""找大姐""大姐知道"这样的话经常挂在车队同事嘴边。时间一长，唐学新就从"唐哥"变成了"大姐"。

这些事在唐学新看来，都是再平常不过的了，自己的举手之劳难不成还要用个小本子记下来吗？唐学新的小本子是用来记车队里好人好事，用来发简报的，这种日常在他看来着实不值得浪费什么笔墨。

唐学新不记，不代表别人不记。关于唐学新助人为乐的记录本，早就放在车队每个人心里了。等大家把这无形的册子聚在一起，就像那涓涓溪流汇成江海，车队早就被这数不清的感动填满了。

唐学新自己也知道，"大姐"其实是形容他像知心大姐姐，时刻关心、爱护着车队里一人一物、一花一木。唐学新没觉得这个绰号有什么不好，他真心觉得，只要在自己力所能及的范围内能给予大家帮助，这个"大姐"他愿意当！

奋斗：让我为车队做点儿事

> 其实我们每个人的生活都是一个世界，即使最平凡的人也要为他生活的那个世界而奋斗。
>
> ——路遥

这是唐学新正在看的《平凡的世界》里的一句话，唐学新觉得很有道理，生活如果只等着命运安排而不奋力一搏，那人生还有什么意思呢？他决定把这种精神应用到工作和生活中。

就是这样一个无意间的念头，让唐学新的劳模服务队又收获了一名新成员。

这天，细心的唐学新发现一名新来的驾驶员总是愁眉不展，午休时，他不在休息室休息，也不跟大家聊天，而是在集团外面的车场溜达。说是散散步舒心，但他走得漫无目的，看着不像放松，倒更像有心事。经过唐学新再三询问，这位驾驶员小曲才道出了实情。

小曲家里只有他和他父亲，两个人自他小时就相依为命，父亲一个人把他拉扯大很是不易，他对父亲的感情也特别深。结果前段时间，父亲忽然检查出尿毒症，现在在家卧床不起，还要定期到医院做透析。

唐学新一听，赶忙问道："我怎么才能帮到你，或者发动大家帮帮你呢？"

小曲听了连连摇头："唐哥，其他倒是不需要，就是父亲可能需要一些被单、褥单、衬衣、衬裤。"小曲父亲卧床不能自理，小曲还要上班，只有休息的时候能照顾父亲，平时顾不上的话，父亲的一些生理行为自己不能解决，所以这些贴身的衣物和被褥，就不够换洗了。

唐学新了解到这个情况后，当时就给自己的父母还有岳父岳母打了电话，他简单跟家里人说了小曲家的情况后，让他们准备好这些东西。唐学新自己也赶紧回到家中，把家里多余的床上用品和衬衣裤找了出来，这样东拼西凑，居然搜罗了好几袋子。第二天一上班，他就找到小曲，把这些东西都送给他，唐学新还说："你先用着，要是不够用，我再发动大伙儿帮你。"

唐学新的举动让小曲很受感动，他接过唐学新给他的几袋子物品，一边说着："唐哥，可以了，可以了。多谢你！"一边转身抹了抹眼角。唐学新这时拍着他的肩膀对他说："好孩子，咱们一起努力奋斗，没有什么是过不去的坎。"是啊，生活本就充斥着各种各样的挑战，只有努力奋斗，不屈服不放弃，才能战胜它，而不是被生活打败。

从那之后，每逢有车队例行保养、清洁、冬季除雪防滑等义务劳动时，唐学新都能看见小曲的身影。每一次，唐学新都对他说："现在的人手够用了，你要上班还要照顾父亲，就好好休息，别跑来跑去的。"小曲却摆摆手说："您对我的帮助我忘不了，您教我的我更忘不了。我一定要加入志愿服务的行列，要跟大家一起努力奋斗，克服生活上的种种困难，您就让我为车队做点儿事吧！"

是什么决定了我们能成为什么样的人？是能力吗？

不，是自己的选择。

唐学新做出了选择，小曲也做出了选择。

他们是平凡人，却都在为让自己的小世界变得更好而努力奋斗。

对后辈：做师傅最大的心愿

唐学新有位徒弟叫张喜明，他是二次就业来到公交集团的。这个徒弟给唐学新的印象很深，因为在报到第一天，他问了唐学新一个问题。

那是张喜明第一天实习上岗，本来在熟悉驾驶室仪器的他突然转过头，大大的眼睛投出求知的光，他问唐学新："唐师傅，我今后能不能成为像您这样的优秀驾驶员啊？"唐学新听到这

⊙唐学新（左一）在指导徒弟做发车前的准备

话，很是赞许地点了点头，想做优秀的驾驶员，这是有上进心啊！遇到这种好苗子，唐学新当然要多加引导，于是他说："只要你努力去工作，一定会成为优秀的驾驶员。你要珍惜这次宝贵机会，要么不干，要干就干好。"

那之后，张喜明不仅热心服务乘客，还积极投身到义务劳动中，在服务中收获快乐，在奉献中实现价值。不管是唐学新去看望身有残疾的乘客，还是到社区做义工，他都嚷嚷着要跟师傅一块儿去。他声音特别洪亮，每次都大着嗓门喊："师傅，做志愿者去呀？带我一起啊！"

一到冬天下雪，路面湿滑，行车有很大的安全隐患，为了保证交通安全，唐学新都会在还没发车的时候去路面铲雪，张喜明知道之后，也在凌晨3点起床，跟着师傅到马路上除雪防滑。

曾有人问过他：作为师傅，你最大的心愿是什么？

心愿，唐学新咂摸着这两个字，品出些味道。他说：

甘于奉献的劳模精神在自己爱徒身上体现、传承是一件好事，他们的每一点成长和进步，作为师傅，我看在眼里，也感到格外地欣慰、由衷地自豪。我真心地希望他们，每天都平平安安、健健康康的，在集团公司领导的培养关怀下，通过自身的努力，去体现自身的价值，实现自己的梦想，争取早日加入劳模的先进行列中。

黎明前：一起吃苦的幸福

夜晚，月亮在天际孤零零地挂着，降下青色的瞳仁俯视着大地，大黄狗顶着满天的星斗，趴在绿林附近的湖边打鼾。都市早早地平息下来，再晚归的人此刻也窝在被子里，枕在床头做那未尽的残梦，这里的一切都静悄悄的。

这时，在一个极不起眼的角落，住宅区里的一栋楼，从下往上数第五家，啪地亮起一团暖黄的灯。

此时是凌晨3点，开灯的是唐学新的爱人石军。

对石军来说，这样的作息已经成了习惯，她刚跟唐学新认识的时候，就知道了唐学新的工作。两人决定结婚后，唐学新更是把自己的所有家底交代得明明白白，石军在了解后表示支持，她觉得，自己的爱人牺牲小我服务大家，是很好的品质。"我看上的是他这个人，工作上的需要，我都能理解！"

婚后，只要唐学新上的是早班，石军都会早早地起来，给丈夫准备一点儿热乎的粥。尽管唐学新不止一次地劝妻子，说不用她起早，但石军摆摆手拒绝。爱人上早班，她也睡不踏实，不如跟着一起起来，哪怕就是添件外套，她也安心。

"家里有名公交车司机，一家人都跟着起早贪黑，这是我这么多年的最大感受。"结婚后，爱人陪伴着唐学新，结婚前，父母则是唐学新背后默默支持他的人。

时间回到1986年，因为住宅拆迁，唐学新一家暂时住到别处。当时暂住的地方离唐学新的工作单位比较远，他上班的时间还没有公交车，家里唯一一辆自行车需要留给父亲上班用，所以那段时间，他每次都要步行差不多一个小时，才能到车场上班。上早班时，他凌晨2点钟就得起床；要是上夜班，怎么也要后半夜1点多才能到家。这样的作息让父母十分心疼，他们帮不上什么忙，只能给他准备饭菜。唐学新回忆起那段时光，声音微微发颤："我的父母每天都比我起得早，就为了给我准备早餐，晚上还不能睡觉，为了等着我回来。"

江天秋月白，洒落满地霜。唐学新从业多少年，家人就同他看过多少年凌晨的天。

唐学新说，那会儿父亲看他天天早出晚归，还要走那么远的路，觉得这样下去不是办法。为了能让他多睡一会儿，父亲决定骑自行车送他上下班。等把他送到车场，父亲再原路返回，回家稍微睡一会儿，再起来上班。唐学新上班的时间街上根本没有人，自行车把两个人的影子远远甩在背后，坐在后座的唐学新看着父亲在清冷的月光下弓起的背，心里特别不是滋味。

⊙ 唐学新从北京回来，爱人石军在高铁站接他回家

⊙ 八十多岁的父母跟唐学新的工作照合影

家人对他工作上的支持给了他很大的力量，他总是跟人说，没有我的家人，就不会有我今天的成绩。

说起以前的事，唐学新止不住地笑，说自己还闹过一次笑话呢。当时，为了让父亲好好休息，唐学新用自己的工资也买了一辆自行车，这样自己就能骑车上下班了。他第一次骑着新车去上班时，兴奋得不行，结果等到晚上回家后，父亲看他两手空空的，就问："你的自行车呢？"唐学新一拍脑袋，这才想起自行车还放在单位。没办法，他又走回单位，把自行车骑了回来。

除夕：放在中午吃的"年夜饭"

中国人骨子里的乐观浪漫让我们热衷于发掘生活中的仪式感，一年十二个月份，几乎每个月都有节日，年初的元宵是裹着黑芝麻的瓷白汤圆，千里月明的中秋是蛋黄流心的莲蓉月饼，到了岁末的最后一晚，全家人都等着那顿热乎乎的年夜饭，尤其是那薄皮大馅儿的猪肉白菜饺子。

农历腊月三十，除夕当天。窗外是热闹的年节气氛，夜色沉沉压下来，窗外白雪皑皑，映得九州灿烂如昼，正值万家灯火鱼龙舞，酌酒围炉贺新岁的时候，唐学新却不在家里。

还差4分钟晚上7点，大连公交客运集团有限公司汽车四分公司405路康顺园调度室内，一盘热乎乎的饺子刚刚端上餐桌，熏得旁边的玻璃都蒙了一层白雾。桌子上还有几样食堂送来的菜，唐学新正坐在桌子一端，接过车队长迟高顺递过的筷子，夹了一只饺子放在碗里吃。跟他一起的还有赵副队和管理员老王，他们在这小小的调度室里有说有笑，竟生出些在家过年的错觉。吃完这一顿，唐学新就要出车，这是除夕夜的最后一班车，也是唐学新承包除夕末班车的第十二个年头。

唐学新自己说，从进公交集团的那年起，几十年了，他根本没有年节的概念。东北有很多过年的习俗，像大年初二回娘家、早起晚睡年初三，这些挂在寻常人家嘴边的习俗，唐学新从来没有遵守过。

"除夕我都是发完最后一班车才回家，过节期间都要等到初五、初六轮休了，才能去看看老人。每次岳父岳母都说，家里一切跟我的时间走。"

家里的一切跟唐学新的时间走，这样的理解和支持让唐学新非常感激。为了配合唐学新发末班车，家里的年夜饭不到中午就开始了，跟万千中国家庭不同，中午开张的"年夜饭"已经成为他们家的独特传统。

这么多年，唐学新也会觉得对不起家人。是啊，谁不想在万家团圆的时候，凑在一起热热闹闹地看春晚，吃年夜饭呢？但只

⊙ 小粉丝来看望唐学新（右一）

⊙ 2021年除夕，唐学新（左二）一家在中午吃的 "年夜饭"

要他一上车，看着405路公交车沿途灯火通明的大街小巷，听着乘客们一声声的新年祝福，目送乘客高兴地走在回家的路上，他又很欣慰。耳边响起广播里那句"请大家携带好随身物品，下车后请注意安全，下次乘车再见"，他又觉得，自己做的一切都是值得的。

旧事归尽，忙碌了一整年的人在这个除夕夜互赠祝福，我们从渺小启程，期待伟大结尾，而千千万万个像唐学新一样的公交人行走在城市间，为远行之人照亮归程，让更多的人收获团圆。

女儿：爸爸，别说对不起

中国城市公共交通协会主办的期刊《人民公交》，曾经刊登过唐学新的事迹，这篇文章中有四个令人印象深刻的字：公交优先。

1982年，唐学新考入公交集团，成为一名乘务员，后转为驾驶员，在这一方驾驶室内，度过了他生命的大部分时光。无论是"唐氏微笑"的故事，还是除夕末班车的守候，唐学新真的将自己的生命，义无反顾地献给了这个岗位。

1992年底，唐学新的女儿唐丹出生。新生命的降临给家里带

⊙ 1997年，唐学新带女儿去海边抓螃蟹

来很多欢声笑语，但唐学新陪女儿的时间少之又少。等女儿长大了、读书了，唐学新还在城市的各个角落奔波。他们父女俩，经常是女儿还没醒，唐学新就已经出门，等唐学新下班回家，女儿早已经进入梦乡。别人家会在周末带着孩子去公园放风筝、去动物园看小动物，可唐学新的工作是周六、周日也不休息的，他看着乘客一家人坐上公交车去海洋馆，心里也会想自己的女儿。

爸爸想女儿，女儿怎么会不想爸爸呢？小时候，女儿会缠着妈妈问，爸爸什么时候回家呀？爸爸什么时候带我去海洋馆呀？等到女儿懂事后，她知道爸爸是一名公交驾驶员，不再吵着要爸爸来陪自己，而是经常对爸爸说，注意身体，行车安全。

这天晚上，唐学新下班回家，他轻轻地关上门，换好拖鞋进了屋。妻子正在厨房帮他热菜，他问爱人："甜甜（女儿小名）呢？"

"早睡了，你也不看看你回家都几点了。"妻子回他。

"我去看看她。"唐学新实在是想女儿想得不行，今晚说什么也要去看看女儿。

妻子看了他一眼，然后说："那你轻一点儿，别把她弄醒了。"说完，又去看锅里的菜。

唐学新点头说好。然后，他轻轻地推开女儿卧室的房门，走到女儿床前。

借着透过窗帘的月色，唐学新认真地看着女儿熟睡的小脸，然后，他俯下身，在唐丹的额头上轻轻地亲了一下。

第二天，唐丹醒来还是没看见爸爸，唐学新此时正开着公交车，穿梭在城市的各个角落。

人间是讲爱的地方

这天，唐学新将末班车开到终点站，然后打开公交车的前后门，晚风吹过他的肩头，头顶是满天璀璨的星，眼前是伸展向无尽远方的路。

公交车播报的语音响起，机械的女声在深秋的夜里有些许失真：

"请大家携带好随身物品，下车后请注意安全，下次乘车再见。"

目送最后一名乘客下车，唐学新坐在公交车驾驶座位上，轻轻地把头靠在头枕上。

坐在驾驶座位上的这个男人，十七岁进入大连公交客运集团有限公司，十九岁拿到驾照成为一名正式的公交车司机，从1984年至今，唐学新始终保持着微笑热情服务，不计回报地参与志愿活动，冬天拿着铲子在路边除雪、夏天带着水泥把坑洼

⊙ 2020年，唐学新到社区进行志愿服务

不平的路铺平整。他奔波在社区之间，走访行动不便的乘客，给同事捐赠被褥，为车组换过无数个白炽灯泡……

唐学新脑海中闪过很多张脸，有乘客，有同事，还有家人。他们大笑，他们皱眉，他们亲切地跟唐学新打招呼。

三毛说，岁月极美，在于它必然的流逝。那么多次的春花、夏阳、秋月和冬雪出现在唐学新的生命中，它们从儿时的大院走来，从学堂的瓦房里走来，从集团鲜红的大榜上走来，从人民大会堂飘扬的国旗下走来，走进405路公交车沿途的每一个站点，走进志愿服务走访的每一个小区，走进黎明时分亮起的微弱灯光，最后还是回到那方小小的驾驶室内。

唐学新想起不久之前有人问他："辛苦吗？"

他说当然辛苦，每天早出晚归，一天下来腰酸得直不起来，怎么会不辛苦。但是也很快乐，乘客的感谢、同事的信任和家人的理解组成他生活中不可复刻的亮色。

太阳东升西落，四季周而复始，一切不过一场人间烟火。

他细数自己走过的无数个四季，蓦然发现，微笑的乘客、感谢的话语、凌晨的灯光……每一步他都不是孤身一人。组成回忆的每一封信，里面都有一个字：爱。

一边回忆一边又继续

我们把这个过程叫作生活

生活中必然存在的因素是什么

衣食住行？柴米油盐？生老病死？

都不是

是时间和爱

岁月匆匆，唯爱永恒